Mit 50 fängt das Leben erst an!

Mit 50 fängt das Leben erst an!

Herausgegeben von
Johannes Thiele

Weltbild

Weltbild Buchverlag -Originalausgaben-

5. Auflage 2003

Umschlaggestaltung: Peter Gross, München
Projektleitung: Dr. Ulrike Strerath-Bolz
Satz: Anke Kiederle
Druck: Oldenbourg Taschenbuch GmbH, Hürderstr. 4, 85551 Kirchheim
Gedruckt auf chlor- und säurefrei gebleichtem Papier

ISBN 3-89604-578-4

INHALT

GEBURTSTAGE – GESCHICHTEN RUND UM DAS MAGISCHE DATUM

ALLE GEBURTSTAGE

Hanns Dieter Hüsch

Also, neulich hab ich ja was erlebt, da kam ich mir wie ein Waisenknabe vor, und zwar, ich weiß gar nicht, woran sowas liegt. Am Alter kann es nun mal nicht liegen, denn die beiden Damen, denen ich zugehört habe, zuhören mußte, die saßen gleich am Nebentisch und sprachen ganz laut. Das hat man ja öfter, daß man, wenn man älter wird, immer lauter spricht, weil man ja wohl schlechter hört, einerseits, und andererseits wohl, weil man nicht überhört werden will, so daß das also keine Neugier von mir war, weil ich ja zufällig daneben saß, und die beiden Damen waren sicher weit über die siebzig, so daß das am Alter nicht liegen kann.
Also die beiden Damen wußten alle möglichen Geburtstage in- und auswendig. Ich dagegen bin schon froh, wenn ich meinen eigenen Geburtstag behalte. Aber die beiden warfen sich die Zahlen und Daten nur so zu, und nicht nur von Geburtstagen, nein, auch von Hochzeitstagen und Todestagen und so weiter. Mein Gott, hab ich dauernd gedacht, mein Gott, wie ist sowas möglich. Also, da muß doch wohl früher bei denen nur ständig drüber gesprochen worden sein, und natürlich auch gefeiert worden sein. Große Familie, viele Sammeltassen und so weiter, wir zu euch, ihr zu uns. Man weiß das ja auch noch alles, aber doch nicht mehr so genau. Also ich weiß gar nix, bis mir mal wieder jemand sagt: »Nächsten Freitag hat Erika Geburtstag.« »Was für 'ne Erika«, sag ich dann, »was für 'ne Erika?« »Na die von Rudolf.« »Ach so, ja«, und dann muß

ich mir das auf einen Zettel schreiben. Andere haben einen ganzen Kalender, in dem nur alles Geburtstage drinstehen. Und auch die beiden Damen, aber die kannten auch noch alles auswendig, sagenhaft.

»Julia hat am 7. August und Ernst am 8., komisch nicht, und sind beide zusammen 78. Und am 8.7. ist Harald, der Älteste, geboren. Und ihr Vater ist am 9.7. gestorben. Ach ja, am 9.7., komisch nicht. Übrigens, Thea hat am 2. Oktober Silberne Hochzeit. Wie bitte? Silberne Hochzeit, Thea. Ist das schon so weit. Und August ist am 24.9. gestorben. An dem Tag ist Frieder von Brüninghausens auf die Welt gekommen. Welch ein Zufall, nicht. Achso, am 3.10. hat Herbert Geburtstag, er wird 50. Da muß ich hin, sonst ist Annegret wütend, sie hat ja zwei Tage später Geburtstag, und sie feiern das immer in einem. Ist ja ein Abwasch, sagt Herbert dann immer. Am 6. April hatten wir ..., hätten wir unseren 53. Hochzeitstag gehabt, ja, wenn Anton nicht so früh gegangen wäre, am 12. März. An dem Tag wird Thomas 17, der Jüngste von Martha, und der Älteste, Hans-Peter, wird am 10. Juli 24. 24, und ist schon Vikar in Anröchte-Wickede. Wo liegt denn das? Wenn ich das wüßte. Gerda hat doch auch bald Geburtstag. Ja, auch im Juli, am 18. Und Ferdi hatte am 29. März Geburtstag, 65, ich war da. Du warst da? Ja, ich war da.«

Tja, meine Damen, hab ich so gedacht, ich war nicht da, ich hab nicht mal geschrieben, ich hab nicht mal angerufen, so ein Geburtstagsmuffel bin ich, schrecklich!

GEBURTSTAGE FEIERN

Trude Marzik

Geburtstag ist ein Freudentag,
für wen, ist allerdings die Frag'.
Wohl kaum für das Geburtstagskind.
Das wird geehrt, beschenkt, bedient –
als Kind hat man noch Freude dran,
der wahre Jammer kommt erst dann,
wenn man in seinen reifen Jahrn
zu oft Geburtstag hat erfahrn.
In aller Früh wirst du geweckt,
vom Weib geküßt, vom Hund geleckt,
vom Nachwuchs, wie man das so macht,
mit Überraschungen bedacht.
Verlegen lächelnd stehst du auf,
der Schicksalstag nimmt seinen Lauf.
Die Torte prangt: Du ißt ein Stück,
ein kleines nur. Gott, macht die dick!
Das Telefon bleibt niemals still,
weil jeder dir was wünschen will.
Du flüchtest eilig aus dem Haus.
Es wartet schon ein Blumenstrauß
auf deinem Schreibtisch im Büro.
Auch die Kollegen warten, froh,
daß es bald einen Umtrunk gibt.
Du bist ja schließlich sehr beliebt,
und so was hat, wie jeder weiß,
gewissermaßen seinen Preis.
Das Fest ist zwar noch längst im Gang,

improvisiert, doch laut und lang.
Erschöpft stiehlst du dich leis davon.
Daheim versammeln sich ja schon
Verwandte, Freunde, die en masse
mit festlich hocherhobnem Glas
und kußbereit gespitztem Mund
dir tuen ihre Wünsche kund.
Du denkst, sooft man zu dir prostet:
Was mich die Sauferei heut' kostet!
Du lächelst. Dabei ist dir schlecht.
Und denkst: Es ist doch ungerecht.
Na gut, man wird schön langsam alt,
doch daß man dafür auch noch zahlt?
Nur daß sich andre drüber freun?
Damit muß jetzt ein Ende sein!
Du sagst den Freunden: »Seid nicht bös,
das Feiern ist so strapaziös,
wolln wir nicht, ihr müßt das verstehn,
meinen Geburtstag übergehn
in Zukunft?« Alle sagen: »Klar!«
Du schläfst ins neue Lebensjahr
mit dem Bewußtsein froh hinein:
Ab nun wird der Tag friedlich sein!
Jedoch nach menschlichem Ermessen
ist das ein Jahr drauf längst vergessen.
In aller Früh wirst du geweckt,
vom Weib geküßt, vom Hund geleckt,
und wie gehabt, geht es so weiter,
wie's immer war. Drum nimm es heiter,
mein lieber Freund. Darum Kopf hoch!
Denn insgeheim freust du dich doch.

DIE GÄSTELISTE

Manfred Strahl

Herr Lohmann schaute wohlgefällig in den Spiegel. Zwar erkannte er sich nur undeutlich, weil er beim Rasieren stets die Brille abzusetzen pflegte, doch besaß er genug Phantasie, um sich vorzustellen, wie gut er heute wieder aussah. Er sah sogar verdammt gut aus, fand er. Wer ihn nicht kannte, und das waren weltweit gesehen die meisten, ahnte gewiß nicht, daß er die Fünfzig bereits so weit überschritten hatte, wie er von der Sechzig entfernt war. Aber das sah man ihm nicht an.

»Hier ist die Gästeliste«, empfing ihn seine Frau am Frühstückstisch.

»Danke, mein Liebling«, erwiderte Lohmann, beugte sich über sie und küßte sie geradezu leidenschaftlich auf die Wange. Offenbar hoffte er noch immer, Ilona kraft seines Beispiels an eine Begrüßung gewöhnen zu können, die mehr an heiße italienische Nächte als an pommersche Eiszapfen erinnerte. Während er sich ein Brötchen schmierte, warf Lohmann einen Blick auf die Liste mit den Namen der Geburtstagsgäste. Ihm stockte der Atem, als er feststellte, daß Ilona offensichtlich 97 Personen einzuladen gedachte.

»Das kann doch wohl nicht wahr sein«, knurrte er und sah seine Frau vorwurfsvoll an.

»Du hast nun einmal eine Menge Freunde«, verteidigte sich Frau Lohmann.

»Und du eine Unmenge Verwandte«, sagte Lohmann gereizt, der auf den ersten Blick erkannt hatte, daß sie

den gesamten Stenzel-Clan, wie er die Sippe seiner Frau zu nennen pflegte, auf die Einladungsliste gesetzt hatte.
»Na schön«, lenkte sie ein, »aber Opa und Onkel Hans müssen unbedingt dabei sein. Sonst ändern die womöglich noch ihr Testament, so durcheinander wie die in letzter Zeit sind.«
Wo seine Frau recht hatte, da hatte sie recht. Schweren Herzens willigte Lohmann ein. Das Grundstück, das den beiden gehörte, war Gold wert. Da mußte man Kompromisse schließen.
Nach der Streichung der weitläufigen Verwandtschaft gefiel ihm die Liste schon besser. Für die Größe seiner Wohnung waren aber auch die verbliebenen 69 Personen noch entschieden zu viel. Ein ums andere Mal sahen Lohmanns die Gästeliste durch, doch weder ihm noch seiner Gattin fiel ein, wen man hätte streichen können.
Seine Gedanken eilten voraus. Er freute sich auf seine Geburtstagsfeier. Alle Freunde und die wichtigsten Geschäftspartner, mit denen man gut zurechtkam, hatte man selten beisammen. Welch glückliche Fügung! Dr. Wissmann, sein Anwalt, würde es sich gewiß nicht nehmen lassen, aus dem Stegreif eine Rede zu halten. Eine flammende Eloge, auf ihn – Lohmann.
Aßmeyer und andere Geschäftsleute, mit denen er in jüngster Zeit so erfolgreich zusammengearbeitet hatte, würden gewiß staunen, daß Dr. Wissmann, einer der einflußreichsten Politiker im Landtag, zu seinem Freundeskreis zählte. Lohmann rieb sich die Hände. Sein 55., davon war er überzeugt, würde seinem ohnehin nicht schlechten Image weiteren Glanz verleihen und ihn die deprimierende Tatsache, daß er dem Rentenalter wiederum ein Jahr nähergerückt sei, vergessen lassen. Wie aus weiter Ferne hörte er plötzlich Ilonas Stimme.

»Ob man es Gisela so kurz nach der Scheidung zumuten kann, ihren Günther an der Seite von Colette zu sehen?«
»Um Himmels willen«, stöhnte Lohmann vorahnungsvoll auf, und er dachte dabei nicht nur an die mögliche Reaktion von Gisela, Dr. Wissmanns geschiedener Frau, bei der man – sobald sie ein Gläschen getrunken hatte – nicht ausschließen konnte, daß sie sich wie eine Furie auf Wissmanns neue Eroberung stürzte. Lohmann dachte dabei auch an die anderen Gäste. Jeder einzelne war ihm lieb und teuer, und er – Lohmann – kam mit jedem gut aus. Woher sollte er aber wissen, wie sich seine Gäste untereinander verstanden?
»Was hältst du von Petersiggs?« fragte er unvermittelt seine Frau, die kürzlich angedeutet hatte, daß es bei denen auch kriselte.
»Die reinste Scheinehe«, bestätigte Ilona.
»Hoffentlich«, barmte Lohmann, »schmeißt nicht einer von denen unsere Feier.«
»Das kann in den besten Familien vorkommen, Liebling«, sagte Ilona und ließ durchblicken, daß auch bei einer Reihe weiterer Gäste die Ehe nicht stimmte.
Lohmann schwante Unheil. Selbst vor seiner Frau fühlte er sich plötzlich nicht mehr ganz sicher, obwohl er sich darüber im klaren war, daß er Ilona unmöglich von seiner großen Feier ausschließen konnte. Doch wer garantierte ihm, daß sie seinerzeit nichts von seinem Verhältnis mit Gretchen, ihrer besten Freundin, bemerkt hatte, deren Mann er bis heute seinen Freund nannte und der obendrein auch noch sein bester Kunde war?
Nun gut, die Geschichte war mittlerweile verjährt. Aber warum sollte nicht auch Ilona mal eine schwache Stunde haben und ihre Beherrschung verlieren? Die meisten Frauen sind schließlich nachtragend oder vergessen zumin-

dest gewisse Dinge nicht. Ilona schien von seinen Gedankengängen nichts zu ahnen. Konzentriert starrte sie auf die Liste.

»Dieser Aßmeyer scheint mir auch nicht ganz astrein zu sein«, sagte sie plötzlich, »ist der nicht bei den Grünen?«

Ilona war Gold wert. Sie dachte wirklich an alles. Liebevoll drückte er sie an sich. Das fehlte noch, daß sich die Herren politisch in die Haare kriegten und seine Geburtstagsfeier zu einer Wahlkampfveranstaltung ausartete. Wie er Wissmann kannte, würde der nicht eine Sekunde schweigen, wenn Aßmeyer eine Bemerkung fallenließ, die ihm nicht in den Kram paßte. Einige andere Damen und Herren paßten politisch ebenfalls nicht zueinander, so daß sich Lohmann schnellstens etwas einfallen lassen mußte, wenn es auf der Feier nicht zum Eklat kommen sollte.

»Hier tickt eine Zeitbombe, die wir nicht abstellen können«, behauptete Lohmann schicksalsergeben. Und den einen oder anderen einfach nicht einzuladen, ging erst recht nicht. Da alle seine Freunde zugleich auch seine Geschäftspartner waren und umgekehrt, würde das seinen geschäftlichen Ruin bedeuten.

»Was soll ich bloß machen?« fragte Lohmann, der es mit keinem verderben wollte.

»Ich wüßte schon was«, tröstete ihn seine Frau und strich ihm zärtlich übers Haar. »Wir feiern in aller Stille. Nur du und ich, wir beide.«

»Eine großartige Idee«, sagte er und wollte die Gästeliste zerreißen.

»Die brauchen wir noch«, sagte sie, »damit wir an deinem Geburtstag jedem eine Karte von den Kanarischen Inseln schicken können.«

WELCHER TAG IST HEUTE?

Günter Stein

»Also für Wolf ist das ja ein ganz schlimmer Tag heute«, sagte Hiltrud zu Achim und legte ihm noch etwas von dem mahagonigebeizten Lachs auf, »er feiert zwar und gibt sich munter. Aber wie's drinnen aussieht, frag bloß nicht.«
Sie kehrten mit ihren vollen Tellern wieder an den Couchtisch zurück. Die Geburtstagsgesellschaft hatte sich bereits zwanglos im großen, rustikal möblierten Wohnzimmer verteilt, kleine Gesprächsgrüppchen hatten sich gebildet, zusammengehalten nur noch vom gemeinsamen Lob auf Hiltruds kaltes Büffet.
Wolfs 50ster – ein seit Wochen ausgiebig propagiertes Ereignis, ein Geburtstag, nicht wie jeder andere.
»Ein halbes Jahrhundert«, so Robert Kaufmann, der seine Hälfte schon seit einigen Jahren hinter sich hatte, »das ist ein Einschnitt, der darf nicht so glanzlos vorüberziehen. Ja, ich werd' mich jedenfalls nach einem passenden Geschenk umsehen.«
Heute also war dieser Tag, und im Augenblick war sein Abend.
»Ich weiß ja nicht«, meinte Friedhelm Menges, ein geräuchertes Forellenfilet mit Sahnemeerrettich betupfend, »aber der 50., das ist was Besonderes. Ich bin ja erst in zwei Jahren dran, aber ich gebe unumwunden zu, daß ich einen gehörigen Bammel davor habe. 50 – also wie das schon klingt. Irgendwie hab' ich das Gefühl, daß ich dann bereits zum alten Eisen gehöre.«
Allgemeiner Protest ringsum – von über 50jährigen, die sich diese deprimierende Sicht nicht zu eigen machen

wollten, sowie von Mitt- und Endvierzigern, die teils aus Höflichkeit, teils aus egoistischer Vorsorge widersprachen. »Ich weiß nicht, was du hast«, sagte Gerda, eine blühende Anfangsvierzigerin, die gut reden hatte, »aber ab 50 ist doch der Mann erst richtig Mann. Was hat man denn von den jungen Bürschchen, die wissen ja gar nicht, wo's lang geht. Hab' ich nicht recht?«
»Nun ja«, das Geburtstagskind Wolf Wendland schaltete sich ein, »zwischen jungen Bürschchen und einem 50er gibt's ja noch etliche Abstufungen. Und eine dieser Abstufungen, und zwar mehr zum Hellgrauen hin, das wär' ich jetzt gern. Geb' ich ehrlich zu. Ich, sozusagen als aktuell Betroffener, muß Friedhelm zur Seite treten: Man ist mit 50 nicht mehr derselbe wie mit 49. Fragt mich nicht warum, aber es ist so. Überall ist man von 40ern umgeben, im Büro wimmelt es nur so davon. Versteht ihr? Gestern gehörte ich noch dazu. Ok, ich war 49, andere 43 oder 44, es lagen genauso viele Jahre zwischen uns wie jetzt. Nur: Jetzt bin ich bei uns der einzige 50er. Stubenältester mit 'ner klaren Fünf vorn dran, deutlich geschieden von dem Rest der Welt.«
»Lieber Himmel«, sagte seine Frau, »nun mach's aber halblang. Wenn man dich hört, könnte man denken, der Sensenmann spielt schon mit dem Schleifstein! 50 – was ist das denn schon für ein Alter, da fangen andere erst richtig an.«
»Quatsch«, antwortete Wendland, »was für ein Leben soll denn jetzt erst richtig anfangen? Im Gegenteil: Jetzt geht's deutlich abwärts, versteht ihr? Wär' das Leben ein Fußballspiel oder ein Theaterstück, dann würden jetzt die ersten Zuschauer weggehen. Was jetzt noch groß kommen kann, darauf verzichten wir. Lieber sind wir rechtzeitig an Garderobe und Parkplatz. So sieht's doch aus.«
»Also, das ist eine Beleidigung, die ich mir verbitten muß«,

fuhr Marlene Möwig auf, eine mehrfach geliftete Mittfünfzigerin, »ich meine, wie du deine Zukunft siehst, ist deine Sache, aber hör bitte auf, uns anderen hier quasi das Leben abzusprechen. Was glaubst du wohl, was ich noch alles vorhabe! Demnächst trampe ich durch die Staaten, danach nehme ich auf Hawaii am Triathlon teil, und im Winter wollen wir auf Skiern den Montblanc runterfahren.«
»O. k., o. k. verzeiht bitte, wenn ich euch zu nahe getreten bin«, meinte Wendland, »aber ich gehe natürlich von mir aus – was habe ich nicht alles erreichen wollen ...! Und wo steh' ich heute? Besserer Sachbearbeiter bei Bongartz & Baum. Und meint ihr, das ändert sich noch? Pa! Letztes Jahr haben sie mich wieder übergangen, und wer's in meiner Situation mit 50 nicht geschafft hat, der kann sich doch vergessen. So meine ich das. Du, liebe Marlene, kannst ruhig durch den Grand Canyon kraulen, wenn's dir Spaß macht, das ist doch nicht das Thema!«
Kaufmann bemühte sich um Schlichtung. »Gut, ich geb' ja zu, daß die 50er Grenze ganz schön schlimm ist. Aber es nutzt doch nichts, sich dagegen aufzulehnen – jeden Tag werden X Menschen 50. Und 60 und 70 und 80, wenn die alle so ein Weltschmerztheater aufführen wollten ... Das ist nun mal das Leben: Eine Stufe folgt nach der anderen. Als ich 40 wurde, hab' ich auch gedacht, nun ist alles aus. Na und – heute wäre ich froh, ich wär's noch mal!«
»Na bitte«, fuhr ihm Wendland hitzig dazwischen, »du gibst also zu, daß du mit deinen über 50 alles andere als glücklich bist und gern nochmal 40 wärst. Das sag' ich doch: 50 ist schlimm, ja: Es ist deprimierend. Eben war ich noch ein junger Kerl von paarunddreißig – und jetzt? Jetzt blicke ich dem Alter mitten in den grauen Star. Das war [illegible] Leben ... Deckel zu, vorbei.«
»Ich glaube, wir sollten jetzt wirklich mal was trinken«,

versuchte Hiltrud abzulenken, »hat jeder ein volles Glas? Also, jetzt trinken wir alle mal auf dich – Prost Geburtstagskind!«
Allgemeine Zustimmung, Kelche wurden erhoben, und Augen zwinkerten aufmunternd.
»Naja«, sagte Wendland, »vielleicht habt ihr recht, und ich bin lediglich ein bißchen panisch. Und ich weiß auch gar nicht mal genau, was mich so sehr schreckt – die kurze Zeit, die ich vielleicht noch vor mir habe« (nanana, erklang's ringsum) »oder die Riesenstrecke, die hinter mir liegt. Also, wenn ich manchmal zurückdenke, was in all den Jahren meines bescheidenen Erdenwandels so passiert ist ... soviel Weltgeschichte kriegt man doch sonst kaum mit in 50 Jahren, sagt selbst. Geboren im Jahr der berühmten Führer-Olympiade ... Und heute: Demokratie, Nato und vereintes Europa. Dazwischen Weltkrieg, Untergang, Neuaufbau, Adenauer und das Endspiel Deutschland-Ungarn ...«
»Augenblick mal«, sagte Bernd Bösiger, ein Anfangssechziger von durchgegorener Abgeklärtheit, »sagtest du eben Führer-Olympiade? Ich meine, mal ganz abgesehen davon, daß es Olympische Spiele heißen muß.«
»Jaja«, bestätigte Wendland, »Jesse Owens, Leni Riefenstahl und all das.«
Bösiger nickte versonnen vor sich hin. »Schau mal«, sagte er, »diese, wie du es nennst, Führer-Olympiade war 1936, nicht wahr? Und was haben wir jetzt ... na? 1985. Nun sag mir doch mal genau, wann du Geburtstag hast ... nur so, für alle Fälle.«
Wendlands Mund blieb ein bißchen offen. »Am 25.3.36«, sagte er schließlich, »verdammt ... dann ...«
»Genau«, Bösiger lächelte fein, »und was haben wir heute? Den 26.3.85 ...«

Wendland schlug sich vor den Kopf. »Also das hab' ich doch schon als Kind verwechselt – den 25.3.36 mit dem 26.3.35! Schon zweimal ist mir das passiert ... also«, er wandte sich an seine Frau, »warum sagst du mir nicht, wann genau ich Geburtstag hab'. An alles muß ich selbst denken.«
»Na hör mal«, Hiltrud Wendland stellte erbost ihr Sektglas auf den Tisch, »wenn du das nicht selber weißt! Seit Jahren feiern wir den 26.3. – ich schau doch nicht in deinem Paß nach!«
»Aber«, Wendland suchte nach Worten, »aber wenn das stimmt, ... dann werd' ich heute ja ...«
»49«, half ihm Bösiger, »du sagst es.«
»Mein Gott«, Wendland sank in seine Sofaecke zurück, »49 – bitte sagt, daß es stimmt! 25.3.36 bis 25.3.85, das macht 49 und kein Jahr mehr!« Und er begann, an den Fingern zu zählen.
»Ja«, sagte Kaufmann und griff nach seinem Glas, »dann ist also alles in bester Ordnung. Du darfst dich wieder abregen, lieber Wolf, und wir feiern außerordentlich aufwendig deinen absolut belanglosen 49sten.«
Wendland wandte sich völlig durcheinander seiner Frau zu. Diese küßte ihn sanft irgendwohin ins Gesicht. »Aber Schatz«, sagte sie liebevoll, »natürlich wußte ich, daß wir seit Jahren einen Tag zu spät feiern. Aber ich dachte mir: Lass ihn mal, eine schönere Geburtstagsüberraschung, als ihm mit 50 ein Jahr zu schenken, kann ich ihm gar nicht machen. Stimmt's?«
Sekundenlang starrte Wendland vor sich hin. »Also 49 bin ich heute«, sagte er schließlich und fügte nach kurzer Pause hinzu: »Aber dann werd' ich ja nächstes Jahr schon 50. Oh Gott, 50!«

ZWEITER FRÜHLING, HEITER BIS WOLKIG – GESCHICHTEN RUND UM DIE LIEBE

DIE VERGELTUNG

Woody Allen

Daß Connie Chasen meine verhängnisvolle Schwäche für sie im ersten Augenblick erwiderte, war ein Wunder ohnegleichen in der Geschichte von Central Park West. Groß, blond, mit hohen Wangenknochen, Schauspielerin, Gelehrte, Zauberin, unbestreitbar entfremdet, mit aggressivem, scharfsinnigem Witz begabt, der in seiner Anziehungskraft allein durch die laszive, schwüle Erotik in den Schatten gestellt wurde, die jede ihrer Rundungen ahnen ließ, war sie der konkurrenzlose Wunschtraum jedes jungen Mannes auf der Party. Daß sie auf mich verfiel, Harold Cohen, einen hageren, langnasigen, vierundzwanzigjährigen angehenden Dramatiker und Jammerer, war so unlogisch wie ein richtiger Schluß aus acht falschen Prämissen. Sicher, ich gehe gewandt mit der Pointe um und kann wohl ein Gespräch über viele verschiedene Themen in Gang halten, und doch war ich überrascht, daß dieses großzügig bemessene Geschöpf sich so schnell und vollständig auf meine mickrigen Gaben einlassen konnte.

»Du bist phantastisch«, sagte sie nach einem etwa einstündigen mitreißenden Gedankenaustausch zu mir, während wir an einem Bücherschrank lehnten und Valpolicella und Häppchen einwarfen. »Ich hoffe, du rufst mich mal an.«

»Dich anrufen? Ich würde gern auf der Stelle mit dir nach Hause gehen.«

»Na fabelhaft«, sagte sie und lächelte kokett. »Ehrlich gesagt habe ich gar nicht gedacht, ich machte Eindruck auf dich.«

Ich tat ganz gleichgültig, während das Blut durch meine Arterien auf voraussagbare Bestimmungsorte zurollte. Ich wurde rot, eine alte Gewohnheit.

»Ich finde dich spitze«, sagte ich, womit ich sie noch leuchtender zum Glühen brachte. Eigentlich war ich überhaupt nicht vorbereitet auf so eine plötzliche Einwilligung. Meine vom Wein befeuerte Dreistigkeit war ein Versuch gewesen, das Fundament für die Zukunft zu legen, so daß es, wenn ich wirklich auf ihr Boudoir anspielen würde, sagen wir, zu irgendeinem diskreten späteren Zeitpunkt, nicht ganz aus heiterem Himmel käme und irgendwelche leidvoll geknüpften platonischen Bande verletzte. Doch zaghaft, schuldgeplagt, Schwarzmaler, der ich bin, diese Nacht mußte mir gehören. Connie Chasen und ich fühlten uns in einer Weise zueinander hingezogen, die nicht zu verleugnen war, und eine kleine Stunde später wanden wir uns in Ballettfiguren durch die Laken und vollführten mit totalem Gefühlsengagement die absurde Choreographie menschlicher Leidenschaft. Für mich war es die erotischste und befriedigendste Liebesnacht, die ich je erlebt hatte, und als sie hinterher entspannt und zufrieden in meinen Armen lag, dachte ich gründlich darüber nach, wie wohl das Schicksal mir seine unvermeidlichen Gegenforderungen abverlangen werde. Würde ich bald blind werden? Oder querschnittsgelähmt? Welchen gräßlichen Preis würde Harold Cohen zu blechen gezwungen sein, damit das Universum weiter seine harmonischen Runden zöge? Aber das sollte alles später kommen.

In den folgenden vier Wochen platzten keine Seifenblasen. Connie und ich erkundeten uns gegenseitig und freuten uns an jeder neuen Entdeckung. Ich fand sie temperamentvoll, aufregend und aufgeschlossen; ihre Phantasie war erfinderisch und ihre Bemerkungen gebildet und abwechslungsreich. Sie konnte über Novalis diskutieren und aus dem Rigweda zitieren. Den Text jedes Liedes von Cole Porter wußte sie auswendig. Im Bett war sie unverkrampft und versuchsfreudig, ein echtes Kind der Zukunft. Auf der Minusseite mußte man schon kleinlich sein, um Fehler zu finden. Klar, sie konnte launenhaft sein wie eine kleine Göre. Im Restaurant änderte sie unweigerlich ihre Bestellung, und zwar immer viel später, als es sich gehörte. Stets wurde sie wütend, wenn ich sie darauf hinwies, daß das dem Kellner oder Koch gegenüber nicht ausgesprochen nett sei. Ebenso wechselte sie jeden zweiten Tag ihre Diät; sie hing mit ganzem Herzen an einer und verwarf sie dann zugunsten irgendeiner neuen, neumodischen Theorie über das Abnehmen. Nicht, daß sie auch nur im entferntesten zuviel gewogen hätte. Ganz im Gegenteil. Um ihre Figur hätte sie ein Vogue-Mannequin beneidet, und doch trieb sie ein Minderwertigkeitskomplex, der es mit dem Franz Kafkas aufnehmen konnte, in Ausbrüche quälender Selbstkritik. Wenn man sie so reden hörte, war sie ein pummeliges kleines Nichts, das kein Recht darauf hatte zu versuchen, eine Schauspielerin zu sein, und noch viel weniger, sich an Tschechow zu vergreifen. Meine Beteuerungen waren vorsichtig ermutigend, und ich ließ sie weiterplätschern, obgleich ich das Gefühl hatte, wenn Connies berückende Wirkung nicht aus meiner verzückten Freude über ihr Gehirn und ihren Körper ersichtlich würde, dann wäre alles Reden der Welt nicht überzeugend.

Im Laufe von etwa sechs Wochen einer herrlichen Romanze kam ihre Unsicherheit eines Tages in voller Größe zum Vorschein. Ihre Eltern wollten in Connecticut eine Grill-

party veranstalten, und ich sollte endlich ihre Familie kennenlernen.
»Dad ist phantastisch«, sagte sie voll Verehrung, »und sieht phantastisch aus. Und Mom ist hübsch. Deine Eltern auch?«
»Hübsch würde ich nicht sagen«, gestand ich. Eigentlich hatte ich eine ziemlich vage Vorstellung vom körperlichen Äußeren meiner Familie, wobei mir die Verwandten von der Seite meiner Mutter wie etwas vorkamen, was normalerweise in Petrischalen gezogen wird. Ich war sehr streng gegen meine Familie, und wir neckten uns alle auch ständig gegenseitig und stritten uns, aber hingen aneinander. Wirklich, eine Nettigkeit war mein ganzes Leben lang nicht von den Lippen irgendeines Familienmitglieds gefallen, und ich nehme an, das geschah auch nicht, seit Gott seinen Bund mit Abraham geschlossen hatte.
»Meine Angehörigen streiten sich nie«, sagte sie. »Sie trinken, sind aber wirklich höflich. Und Danny ist nett.« Ihr Bruder. »Ich meine, er ist komisch, aber lieb. Er schreibt Musik.«
»Ich freue mich, daß ich sie alle kennenlerne.«
»Ich hoffe, du verguckst dich nicht in meine kleine Schwester Lindsay.«
»Na klar.«
»Sie ist zwei Jahre jünger als ich und so gescheit und sexy. Jeder ist ganz verrückt nach ihr.«
»Klingt eindrucksvoll«, sagte ich. Connie streichelte mein Gesicht.
»Ich hoffe, du magst sie nicht lieber als mich«, sagte sie in halbwegs ernstem Ton, der ihr die Möglichkeit gab, dieser Furcht taktvoll Ausdruck zu geben.
»Ich würde mir keine Gedanken machen«, versicherte ich ihr.
»Nein? Drei heilige Eide?«

»Macht ihr beiden euch gegenseitig Konkurrenz?«
»Nein. Wir lieben uns. Aber sie hat ein Engelsgesicht und einen sinnlichen, rundlichen Körper. Sie geht nach Mom. Und sie hat einen wirklich irrsinnigen IQ und viel Sinn für Humor.«
»Du bist schön«, sagte ich und küßte sie. Aber ich muß zugeben, den Rest des Tages gingen mir Traumvorstellungen der einundzwanzigjährigen Lindsay Chasen nicht mehr aus dem Sinn. Gott im Himmel, dachte ich, was ist nur, wenn sie wirklich dieses Wunderkind ist? Was, wenn sie tatsächlich so unwiderstehlich ist, wie Connie sie beschreibt? Könnte ich mich vielleicht nicht doch verlieben? So wankelmütig, wie ich bin – könnten nicht der süße Körperduft und das klingende Lachen eines sagenhaften angelsächsischen, protestantischen Mittelschichtskindes aus Connecticut mit dem Namen Lindsay – Lindsay auch noch! – diesen hingerissenen, doch nicht verpfändeten Kopf von Connie weg und neuem Unheil zuwenden? Schließlich kannte ich Connie erst seit sechs Wochen, und obwohl ich eine wundervolle Zeit mit dieser Frau erlebt hatte, so hatte sie mich doch wirklich nicht vor Liebe um meinen Verstand gebracht. Dennoch, Lindsay würde ganz schön verteufelt toll sein müssen, um in dem schwindelerregenden Getose aus Gekichere und Lust, das diese vergangenen Wochen zu so einem Festgelage gemacht hatte, ein kleines Wellengekräusel zu erregen.
An dem Abend schlief ich mit Connie, aber als ich einschlief, war es Lindsay, die durch meine Träume wanderte. Die süße kleine Lindsay, das bewundernswerte Phi-Beta-Kappa-Mädchen mit dem Gesicht eines Filmstars und dem Charme einer Prinzessin. Ich wälzte und drehte mich und wachte mitten in der Nacht mit einem seltsamen Gefühl der Erregung und Vorahnung auf.

Am Morgen legten sich meine Träume, und nach dem Frühstück machten Connie und ich uns mit Wein und Blumen im Gepäck nach Connecticut auf. Wir fuhren durch das herbstliche Land, hörten Vivaldi auf FM und tauschten unsere Beobachtungen über die »Feuilleton-und-Freizeit«-Beilage des Tages aus. Dann, Augenblicke bevor wir durch das Haupttor des Chasen-Anwesens Lyme fuhren, fragte ich mich noch einmal, ob ich wohl drauf und dran sei, mich von dieser fabelhaften kleinen Schwester aus der Fassung bringen zu lassen.

»Ist Lindsays Freund auch da?« fragte ich in forschendem, schuldersticktem Falsett.

»Sie haben Schluß gemacht«, erklärte Connie. »Lindsay verbraucht einen pro Monat. Sie ist eine Herzensbrecherin.« Hmm, dachte ich, zu allem anderen ist die junge Frau auch noch zu haben. Könnte sie wirklich aufregender als Connie sein? Mir schien das kaum glaublich, und doch versuchte ich, mich auf jede Eventualität vorzubereiten. Jede, natürlich bis auf die eine, die an dem frischen, klaren Sonntagnachmittag dann eintrat.

Connie und ich gingen hinüber zum Grillplatz, wo kräftig geschmaust und getrunken wurde. Ich lernte die Familie kennen, einen nach dem anderen, wie sie zwischen ihren eleganten, reizenden Grüppchen verteilt waren, und obgleich ihre Schwester Lindsay tatsächlich so war, wie Connie sie beschrieben hatte – hübsch, offenherzig, eine Freude, sich mit ihr zu unterhalten –, zog ich sie Connie nicht vor. Von den beiden fühlte ich mich nach wie vor von der älteren Schwester weit mehr hingerissen als von der einundzwanzigjährigen Vassar-Absolventin. Nein, die, an die ich an diesem Tage hoffnungslos mein Herz verlor, war keine andere als Connies bezaubernde Mutter, Emily.

Emily Chasen, fünfundfünfzig, mollig, sonnengebräunt, hinreißendes Pioniergesicht mit straff nach hinten gekämmtem, ergrauendem Haar und runden, üppigen Kurven, die sich in makellosen Wölbungen kundtaten wie bei einem Brancusi. Die attraktive Emily, deren imposantes, unschuldiges Lächeln und ungeheures, aus der Brust aufsteigendes Lachen sich vereinten, um unwiderstehliche Wärme und ein verführerisches Flair von ihr ausgehen zu lassen.

Was es für Protoplasma in dieser Familie gibt, dachte ich. Welche preiswürdigen Gene! Miteinander harmonisierende Gene obendrein, denn Emily Chasen schien mit mir genauso ungezwungen umzugehen wie ihre Tochter. Sie hatte deutlich Freude daran, sich mit mir zu unterhalten, und ich nahm ihre Zeit allein für mich in Anspruch und kümmerte mich nicht um die Bedürfnisse der anderen Gäste des Nachmittags. Wir sprachen über Fotografie (ihr Hobby) und Bücher. Sie las gerade mit großem Vergnügen ein Buch von Joseph Heller. Sie fand es lustig, und mit ihrem gewinnenden Lachen sagte sie, während sie mein Glas füllte: »Mein Gott, ihr Juden seid wirklich exotisch.« Exotisch? Sie sollte nur mal die Grünblatts kennenlernen. Oder Mr. und Mrs. Scharfstein, die Freunde meines Vaters. Oder vielleicht auch meinen Vetter Tovah. Exotisch? Ich meine, sie sind heikel, aber kaum exotisch mit ihrem endlosen Gezänk über die beste Art, Verdauungsstörungen zu bekämpfen, oder darüber, wie weit weg vom Fernseher man sitzen solle.

Emily und ich sprachen Stunden über Filme, erörterten meine Theaterhoffnungen und ihr neuerwachtes Interesse an der Herstellung von Collagen. Offensichtlich hatte diese Frau viele schöpferische und intellektuelle Bedürfnisse, die aus dem einen oder anderen Grund in ihr eingeschlossen blieben. Doch klar sichtbar war sie nicht unglücklich über ihr Leben, so wie sie und ihr Mann, John Chasen, eine ältere Spielart des Mannes, von dem man gern sein Flugzeug steuern ließe, wie verliebte Täubchen turtelten und tranken. Wirklich, im Vergleich zu meinen eigenen Eltern, die unbegreiflicherweise vierzig Jahre lang miteinander verheiratet waren (wahrscheinlich aus Trotz), erschienen Emily und John wie das Ehepaar aus dem Bilderbuch. Meine Familie konnte selbstverständlich ohne Beschuldigungen und Gegenbeschuldigungen unmittelbar vor der gegenseitigen Artilleriebeschießung noch nicht mal über das Wetter reden.

Als es Zeit wurde, nach Hause zu fahren, war ich recht bekümmert, und ich fuhr ab mit Träumen von Emily, die vollkommen von meinen Gedanken und Plänen beherrscht wurden.

»Sie sind doch lieb, nicht wahr?« fragte Connie, als wir in Richtung Manhattan rasten.

»Sehr«, stimmte ich bei.

»Ist Dad nicht unwiderstehlich? Er ist wirklich amüsant.«

»Hmm.« Ich mußte gestehen, ich hatte kaum zehn Sätze mit Connies Dad gewechselt.

»Und Mom sah heute phantastisch aus. Besser als lange schon. Sie hat mit Grippe krank gelegen.«

»Sie ist wirklich toll«, sagte ich.

»Ihre Fotos und Collagen sind sehr gut«, sagte Connie. »Ich wollte, Dad machte ihr mehr Mut, statt so altmodisch zu sein. Künstlerische Kreativität macht einfach keinen Eindruck auf ihn. Hat sie noch nie.«

»Zu schade«, sagte ich. »Ich hoffe, es ist für deine Mutter über all die Jahre nicht zu enttäuschend gewesen.«

»Aber ja«, sagte Connie. »Und Lindsay? Hast du dich in sie verliebt?«

»Sie ist entzückend – aber nicht deine Klasse. Zumindest, wenn du mich fragst.«
»Ich bin erleichtert«, sagte Connie lachend und küßte mich leicht auf die Wange.
Das himmelschreiende Miststück, das ich bin, konnte ich ihr natürlich nicht erzählen, daß es ihre unglaubliche Mutter war, die ich wiedersehen wollte. Ja selbst beim Fahren tickte und blinkte mein Verstand wie ein Computer voller Hoffnung, irgendeinen Plan auszuhecken, wie ich mehr Zeit für diese überwältigende, wundervolle Frau herausschinden könnte. Wenn man mich gefragt hätte, wohin das meiner Meinung nach führen sollte, ich hätte es wahrhaftig nicht sagen können. Ich wußte nur, als ich durch die kalte, nächtliche Herbstluft fuhr, daß irgendwo Freud, Sophokles und Eugene O'Neill ihre helle Freude hatten.
Die nächsten paar Monate über gelang es mir, Emily Chasen viele Male zu sehen. Normalerweise waren wir ganz unschuldig mit Connie zu dritt, wobei wir uns mit Emily in der Stadt trafen und in ein Museum oder Konzert gingen. Ein- oder zweimal machte ich mit ihr etwas allein, weil Connie zu tun hatte. Connie entzückte das – daß ihre Mutter und ihr Liebhaber so gute Freunde seien. Einmal oder zweimal richtete ich es so ein, daß ich »durch Zufall« auch dort aufkreuzte, wo Emily war, und erreichte so, daß ich mit ihr anscheinend unvorhergesehen einen Spaziergang machte oder Drinks nahm. Es war offenkundig, daß sie an meiner Gesellschaft Spaß hatte, da ich teilnehmend ihren künstlerischen Bestrebungen lauschte und herzlich über ihre Witze lachte. Wir sprachen über Musik und Literatur und das Leben, und meine Ansichten unterhielten sie durchweg köstlich. Es war auch offensichtlich, daß der Gedanke, mich als irgend etwas mehr als nur als neu-

en Freund zu betrachten, ihrem Bewußtsein nicht fern lag. Oder wenn, dann tat sie jedenfalls nie so als ob. Doch was konnte ich schon erwarten? Ich lebte mit ihrer Tochter zusammen. Lebte ehrbar mit jemandem in einer zivilisierten Gesellschaft zusammen, in der bestimmte Tabus beachtet werden. Was stellte ich mir schließlich eigentlich vor, was diese Frau sei? Irgendein verworfener Vamp aus dem deutschen Film, der den Liebhaber seines eigenen Kindes verführt? Ehrlich, ich bin sicher, ich hätte allen Respekt vor ihr verloren, wenn sie Gefühle für mich gestanden oder sich irgendwie anders als unnahbar verhalten hätte. Und trotzdem war ich wahnsinnig vernarrt in sie. Das steigerte sich zu echtem Verlangen, und entgegen aller Logik betete ich um irgendeinen winzigen Fingerzeig, daß ihre Ehe doch nicht so vollkommen sei wie es schien, oder daß Emily, sollte sie auch widerstehen, sich unsterblich in mich verliebt hätte. Es gab Zeiten, da liebäugelte ich mit dem Gedanken, selber einen halbherzigen Angriff zu unternehmen, aber da formten sich vor meinem geistigen Auge Riesenüberschriften in der Regenbogenpresse, und ich zuckte entsetzt vor jeder Tat zurück.

In meiner Qual wünschte ich so dringend, ich könnte diese verworrenen Gefühle Connie offen und ehrlich auseinandersetzen und beim Ordnen dieses qualvollen Durcheinanders von ihr Hilfe erhoffen, aber ich fühlte, das führte nur zu einem Blutbad. Und statt mich männlich und aufrichtig zu benehmen, schnupperte ich wie ein Frettchen nach Winken und Zeichen herum, aus denen ich Emilys Gefühle mir gegenüber erschließen könnte.

»Ich bin mit deiner Mutter in der Matisse-Ausstellung gewesen«, sagte ich eines Tages zu Connie.

»Ich weiß«, sagte sie. »Es hat ihr großartig gefallen.«

»Sie ist eine beneidenswerte Frau. Scheint glücklich zu sein. Eine gute Ehe.«
»Ja.« Pause.
»Also, äh – hat sie irgendwas zu dir gesagt?«
»Sie sagte, ihr zwei hättet hinterher ein phantastisches Gespräch gehabt. Über ihre Fotografien.«
»Ja, richtig.« Pause. »Sonst noch was? Über mich? Ich meine, ich hatte das Gefühl, ich könnte ihr vielleicht auf die Nerven gehen.«
»Lieber Gott, nein. Sie betet dich an.«
»Ja?«
»Danny verbringt mehr und mehr Zeit mit Dad, da sieht sie dich halt irgendwie als einen Sohn an.«
»Ihren Sohn?!« sagte ich erschüttert.
»Ich denke, sie hätte gern einen Sohn gehabt, der so interessiert an ihrer Arbeit ist wie du. Ein echter Kamerad. Mehr dem Geistigen zugeneigt als Danny. Ein bißchen einfühlsamer ihren künstlerischen Bedürfnissen gegenüber. Ich denke, du erfüllst diese Rolle für sie.«
An dem Abend war ich miserabel gelaunt, und während ich mit Connie zu Hause vor dem Fernseher saß, sehnte sich mein Körper wieder schmerzlich danach, sich in leidenschaftlicher Zärtlichkeit gegen diese Frau zu drücken, die mich offenbar als nichts Gefährlicheres betrachtete denn als ihren Sohn. Oder doch nicht? War das nicht bloß eine vage Vermutung Connies? Könnte Emily nicht hingerissen sein, wenn sie dahinterkäme, daß ein Mann, viel jünger als ihrer, sie schön und sexy und bezaubernd finde und sich danach sehne, mit ihr eine Affäre zu haben, die etwas ganz anderes wäre als eine unbestimmte Sohnbeziehung? Bestand nicht die Möglichkeit, daß eine Frau in ihrem Alter, besonders eine, deren Mann nicht übermäßig empfänglich für ihre tiefsten Empfindungen war,

die Aufmerksamkeit eines leidenschaftlichen Bewunderers willkommen hieße? Und könnte ich nicht vielleicht, in meiner kleinbürgerlichen Vergangenheit befangen, zu viel Wesens um den Umstand machen, daß ich mit ihrer Tochter zusammenlebte? Schließlich kommen merkwürdigere Dinge vor. Sicherlich unter Temperamenten, die mit tieferer künstlerischer Inbrunst begabt sind. Ich mußte die Angelegenheit lösen und endlich einen Schlußstrich unter diese Gefühlsregungen setzen, die die Ausmaße einer Zwangsvorstellung angenommen hatten. Die Situation forderte einen zu schweren Tribut von mir, und es war Zeit, daß ich handelte oder mir die Sache aus dem Kopf schlug. Ich beschloß zu handeln.

Vergangene erfolgreiche Feldzüge legten mir sogleich die geeignete Marschroute nahe. Ich würde sie ins »Trader Vic's« lotsen, diese dämmrige, narrensichere polynesische Vergnügungshölle, wo es dunkle, verheißungsvolle Winkel in Hülle und Fülle gab und trügerisch milde Rumdrinks die wilde Lust aus ihrem Kerker freiließen. Ein paar Mai Tais, und es liefe wie gehabt. Eine Hand auf das Knie. Ein plötzlicher ungestümer Kuß. Ineinander verschlungene Finger. Der Wunderfusel würde seinen verläßlichen Zauber tun. Er hatte mich in der Vergangenheit noch nie im Stich gelassen. Selbst wenn das arglose Opfer mit hochgezogenen Augenbrauen zurückzuckte, konnte man sich mit Anstand aus der Affäre ziehen, indem man alles der Wirkung dieses Inselgebräus zuschob.

»Verzeih mir«, konnte ich mich herausreden, »ich bin einfach so bedudelt von dem Zeug. Ich weiß gar nicht, was ich tue.«

Ja, die Zeit für höflichen Schnickschnack sei vorbei, dachte ich mir. Ich bin in zwei Frauen verliebt, kein so schrecklich ungewöhnliches Problem. Daß sie zufällig Mutter und

Tochter sind? Eine desto größere Herausforderung! Langsam wurde ich hysterisch. Doch von so glühender Zuversicht ich in dem Augenblick auch war, ich muß zugeben, daß sich die Dinge schließlich nicht ganz wie geplant ereigneten. Klar, wir verzogen uns eines kalten Februarnachmittags ins »Trader Vic's«. Wir sahen auch einander in die Augen und wurden poetisch angesichts des Lebens, während wir riesige, schaumig-weiße Gesöffe in uns reinkippten, in denen winzige hölzerne, in Ananaswürfel gepiekte Sonnenschirmchen schwammen – aber hier hörte es auch auf. Und das tat es, weil ich trotz der Freisetzung meiner unedleren Triebe fühlte, das werde Connie total vernichten. Am Ende war es mein eigenes Schuldbewußtsein – oder genauer, meine Rückkehr zur Vernunft –, die mich daran hinderte, die besagte Hand auf Emily Chasens Bein zu legen und meinen finsteren Begierden freien Lauf zu lassen. Daß ich mir plötzlich vor Augen führte, ich sei nur ein verrückter Schwärmer, der in Wahrheit Connie liebe und es niemals darauf ankommen lassen dürfe, sie auf irgendeine Weise zu verletzen, brachte mich zur Strecke. Ja, Harold Cohen war ein viel konventionellerer Typ, als er uns glauben machen wollte. Und viel verliebter in seine Freundin, als er Lust hatte zuzugeben. Diese Schwärmerei für Emily Chasen mußte abgeheftet und vergessen werden. So schmerzlich es vielleicht auch wäre, meine Regungen gegenüber Connies Mutter unter Kontrolle zu bringen – Vernunft und bescheidene Rücksichtnahme würden den Vorrang haben.
Nach einem wunderschönen Nachmittag, dessen krönender Abschluß das wilde Küssen von Emilys ansehnlichen und einladenden Lippen hätte sein sollen, ließ ich die Rechnung kommen und machte Schluß mit der Geschichte. Lachend gingen wir in das leichte Schneetreiben hinaus,

und als ich sie an ihren Wagen gebracht hatte, sah ich ihr nach, wie sie sich in Richtung Lyme auf den Weg machte. Ich dagegen kehrte nach Hause zu ihrer Tochter zurück, mit einem neuen, tieferen Gefühl der Wärme für diese Frau, die nächtens das Bett mit mir teilte. Das Leben ist wirklich verworren, dachte ich. Die Gefühle sind so unvorhersehbar. Wie schafft das jemand, vierzig Jahre verheiratet zu sein? Das, scheint's, hat mehr von einem Wunder als die Teilung des Roten Meeres, obwohl mein Vater in seiner Naivität diese für die bedeutendere Leistung hält. Ich küßte Connie und gestand ihr die Tiefe meiner Zuneigung. Sie antwortete darauf. Wir schliefen miteinander. Überblendung, wie es beim Film heißt, auf ein paar Monate später. Connie ist nicht mehr in der Lage, mit mir zu schlafen. Und warum? Ich selber habe es dahin gebracht, wie der tragische Held eines griechischen Schauspiels. Unser Sex begann vor Wochen ganz allmählich nachzulassen.
»Was ist los?« fragte ich. »Hab ich was verkehrt gemacht?«
»Lieber Gott, nein, es liegt nicht an dir. Teufel noch mal.«
»Was dann? Sag's mir.«
»Ich habe einfach keine Lust dazu«, sagte sie. »Müssen wir denn *jede Nacht?«* Dieses ›jede Nacht‹, worauf sie anspielte, war in Wirklichkeit nur ein paar Nächte pro Woche und bald noch weniger.
»Ich kann nicht«, sagte sie schuldbewußt, wenn ich versuchte, sie in Stimmung zu bringen. »Du weißt doch, ich mach 'ne schlechte Zeit durch.«
»Was für eine schlechte Zeit?« fragte ich ungläubig. »Hast du noch jemand anderen?«
»Natürlich nicht.«
»Liebst du mich?«
»Ja. Ich wollte, ich tät's nicht.«

»Was dann? Warum dieses Abwenden? Und wird's nicht besser, wird's noch schlimmer.«
»Ich kann nicht mit dir schlafen«, gestand sie mir eines Nachts. »Du erinnerst mich an meinen Bruder.«
»Bitte?«
»Du erinnerst mich an Danny. Frag mich nicht, warum.«
»An deinen Bruder? Du machst doch einen Witz!«
»Nein.«
»Aber er ist ein dreiundzwanzigjähriger blonder protestantischer Angelsachse, der in der Anwaltspraxis deines Vaters arbeitet, und ich erinnere dich an ihn?«
»Es ist, als ginge ich mit meinem Bruder ins Bett«, weinte sie.
»Okay, okay, weine nicht. Wir kriegen das schon hin. Ich muß ein paar Aspirin nehmen und mich hinlegen. Ich fühl' mich nicht gut.« Ich preßte die Hände auf meine pochenden Schläfen und tat, als wäre ich total von den Socken, aber mir war natürlich klar, daß meine starke Beziehung zu ihrer Mutter mich von Connie aus gesehen in gewisser Weise in die Bruderrolle gedrängt hatte. Das Schicksal übte Vergeltung. Qualen sollte ich leiden wie Tantalus, nur Zentimeter entfernt von Connie Chasens anmutigem, sonnengebräuntem Körper, doch außerstande, sie anzufassen, ohne aus ihr zumindest vorderhand die klassische Verwünschung »Ach Quatsch!« hervorzulocken. Bei der undurchschaubaren Rollenverteilung, die sich in allen unseren Gefühlsdramen ereignet, war ich plötzlich zum Geschwisterchen geworden.
Verschiedene Stadien des Schmerzes kennzeichneten die nächsten Monate. Zunächst der Schmerz, im Bett zurückgewiesen zu werden. Dann, daß wir uns sagten, der Zustand sei vorübergehend. Damit einher ging ein Versuch meinerseits, verständig zu sein, geduldig zu sein.

Ich erinnerte mich, einmal im College nicht imstande gewesen zu sein, es mit einer aufregenden Mieze, mit der ich mich verabredet hatte, zu treiben, weil irgendeine undefinierbare Drehung ihres Kopfes mich an meine Tante Rifka erinnerte. Dieses Mädchen war viel hübscher gewesen als die karnickelgesichtige Tante aus meiner Kinderzeit, aber die Vorstellung, mit der Schwester meiner Mutter zu schlafen, zerstörte den Augenblick unwiderruflich. Ich wußte, was Connie durchmachte, und dennoch steigerte und festigte sich meine sexuelle Frustration von ganz allein. Nach einer gewissen Zeit suchte sich meine Selbstbeherrschung in sarkastischen Bemerkungen Luft zu machen, und später in einem Gelüst, das Haus abzubrennen. Trotzdem versuchte ich nach wie vor, nicht unüberlegt zu handeln, mich aus dem Sturm der Unvernunft zu retten und zu erhalten, was in jeder anderen Hinsicht nach wie vor ein gutes Verhältnis zu Connie war. Mein Vorschlag an sie, einen Analytiker aufzusuchen, stieß auf taube Ohren, denn nichts war ihrer protestantisch-englischen Erziehung fremder als die jüdische Wissenschaft aus Wien.

»Schlaf mit anderen Frauen. Was soll ich sonst sagen?« schlug sie vor.

»Ich möchte nicht mit anderen Frauen schlafen. Ich liebe dich.«

»Und ich liebe dich. Das weißt du. Aber ich kann nicht mit dir ins Bett gehen.« Ich war wirklich nicht der Typ, der in der Gegend herumschlief, denn trotz meiner Traumepisode mit Connies Mutter hatte ich Connie nie hintergangen. Klar, ich hatte normale Wunschträume über mir zufällig begegnende Frauen – diese Schauspielerin, jene Stewardess, irgendeine großäugige Studentin -, doch nie wäre ich meiner Geliebten untreu geworden. Und nicht etwa, weil ich das nicht hätte können. Bestimmte Frauen, mit denen ich in Berührung kam, waren ziemlich geradezu, um nicht zu sagen raubgierig gewesen, aber ich hatte Connie die Treue gehalten; und doppelt sogar in dieser quälenden Zeit ihres Unvermögens. Natürlich kam es vor, daß ich Emily wiederbegegnete, die ich nach wie vor mit oder ohne Connie auf unschuldige, kameradschaftliche Weise traf, doch war mir klar, daß die Funken zu schüren, die zu löschen ich mich erfolgreich bemüht hatte, nur jedermann ins Unglück führen würde.

Das heißt nicht, daß Connie treu war. Nein, die traurige Wahrheit ist, sie war bei zumindest mehreren Gelegenheiten fremden Tücken unterlegen und hatte heimlich mit Schauspielern und Autoren geschlafen.

»Was soll ich deiner Meinung nach sagen?« weinte sie eines Nachts früh um drei, als ich sie im Gewirr einander widersprechender Ausreden ertappt hatte. »Ich mach's bloß, um mich zu vergewissern, daß ich nicht irgendso eine Mißgeburt bin. Daß ich immer noch imstande bin, mit jemandem zu schlafen.«

»Du bist also imstande, mit jedem zu schlafen außer mir«, sagte ich wütend bei dem Gefühl, mir geschähe Unrecht.

»Ja. Du erinnerst mich an meinen Bruder.«

»Ich will diesen Blödsinn nicht mehr hören.«

»Ich hab' dir ja gesagt, du sollst mit anderen Frauen schlafen.«

»Das habe ich noch nicht versucht, aber es sieht so aus, als müßte ich's.«

»Bitte. Tu's. Es ist ein Fluch«, schluchzte sie.

Es war wahrhaftig ein Fluch. Denn wenn zwei Menschen sich lieben und wegen einer geradezu komischen Verirrung gezwungen sind, sich zu trennen, was könnte es da sonst noch sein? Daß ich es selbst dahin gebracht hatte durch die enge Beziehung zu ihrer Mutter, war nicht zu leugnen. Vielleicht war es meine verdiente Strafe dafür, daß ich dachte, ich könnte Emily Chasen verführen und in mein Bett ziehen, nachdem ich mich schon mit ihrem Fleisch und Blut ausgetobt hatte.

Die Sünde der Selbstüberhebung vielleicht. Ich, Harold Cohen, der Selbstüberhebung schuldig. Ein Mensch, der sich nie einer höheren Gattung als der der Nagetiere zugeordnet hatte, angeprangert wegen Selbstüberhebung? Zu hart, um sich's gefallen zu lassen. Und doch trennten wir uns. Genau gesagt, wir blieben Freunde und gingen jeder seiner eigenen Wege. Sicher, nur zehn Querstraßen lagen zwischen unseren Wohnungen, und jeden zweiten Tag sprachen wir miteinander, aber unsere Beziehung war perdu. Da, und erst da begann ich mir klarzuwerden, wie sehr ich Connie wirklich verehrt hatte. Zwangsläufig steigerten akute Anfälle von Niedergeschlagenheit und Angst meine proustischen Qualen. Ich rief mir alle schönen Augenblicke, die wir zusammen erlebt hatten, in Erinnerung, unsere exzeptionellen Betterlebnisse, und in der Einsamkeit meiner großen Wohnung weinte ich. Ich versuchte, zu Rendezvous zu gehen, aber wiederum zwangsläufig erschien mir alles flach. Alle die kleinen Discomäuse und Sekretärinnen, die durch das Schlafzimmer stolzierten, ließen mich kalt, schlimmer noch als ein Abend allein mit einem guten Buch. Die Welt erschien mir wirklich schal und unersprießlich, ein durchaus öder, grauer Ort, bis ich eines Tages die erstaunliche Nachricht erhielt, Connies Mutter habe ihren Mann verlassen und ließe sich scheiden. Stell dir das vor, dachte ich, während mein Herz zum erstenmal seit Äonen schneller als normal schlug. Meine Eltern zanken sich wie Montagues und Capulets und bleiben ihr ganzes Leben beisammen. Und Connies

Leute nippen an Martinis, hängen mit wahrer Höflichkeit aneinander und lassen sich peng! scheiden.

Was ich nun zu tun hatte, war klar. »Trader Vic's«. Nun konnte es keine lähmenden Hindernisse mehr auf unserem Wege geben. Obwohl es ja ein wenig peinlich wäre, weil ich Connies Liebhaber gewesen war, so gab es doch keine der unüberwindlichen Schwierigkeiten der Vergangenheit mehr. Wir waren jetzt zwei freie, selbständig handelnde Menschen. Meine schlummernden Gefühle für Emily Chasen, die immer geglimmt hatten, entbrannten aufs neue. Mag sein, daß eine grausame Schicksalsverkettung mein Verhältnis zu Connie zerstörte, aber nichts würde mich davon abhalten, die Mutter zu erobern.

Auf dem Gipfel meiner ungeheuren Selbstüberhebung im Sparformat rief ich Emily an und verabredete mich mit ihr. Drei Tage darauf saßen wir eng nebeneinander in der Dunkelheit meines polynesischen Lieblingsrestaurants, und von drei Bahias enthemmt schüttete sie mir ihr Herz über das Ableben ihrer Ehe aus. Als sie zu der Stelle kam, daß sie sich nach einem neuen Leben mit weniger Einschränkungen und mehr schöpferischen Möglichkeiten umsähe, küßte ich sie. Ja, sie war verdutzt, aber sie schrie nicht. Sie wirkte überrascht, aber ich gestand ihr meine Gefühle für sie und küßte sie noch mal. Sie schien verwirrt, aber lief nicht außer sich vom Tisch weg. Beim dritten Kuß wußte ich, sie werde nachgeben. Sie teilte meine Gefühle. Ich nahm sie mit in meine Wohnung, und wir schliefen miteinander. Am nächsten Morgen, als die Wirkung des Rums verflogen war, sah sie immer noch großartig aus, und wir schliefen noch einmal miteinander.

»Ich möchte, daß du mich heiratest«, sagte ich, und meine Augen wurden glasig vor Entzücken.

»Doch nicht wirklich«, sagte sie.

»Ja«, sagte ich. »Ich gebe mich mit nichts Geringerem zufrieden.« Wir küßten uns und frühstückten unter Lachen und Pläneschmieden. Am selben Tag noch brachte ich die Neuigkeiten Connie bei, auf einen Schlag gefaßt, der gar nicht kam. Ich hatte alle möglichen Reaktionen erwartet, vom höhnischen Gelächter bis hin zur unverhohlenen Wut, aber die Wahrheit war, Connie nahm es mit bezaubernder Gelassenheit auf. Sie selber führte ein rühriges, geselliges Leben, war mit mehreren attraktiven Männern zu sehen und hatte großes Interesse an der Zukunft ihrer Mutter gezeigt, als die Frau geschieden worden war. Und plötzlich war ein junger Ritter aufgetaucht, der für die reizende Dame sorgen wollte. Ein Ritter, der noch immer eine nette, freundschaftliche Beziehung zu Connie unterhielt. Es war ein Glücksfall auf der ganzen Linie. Connies Schuldgefühl darüber, mich durch die Hölle gejagt zu haben, würde sich geben. Emily wäre glücklich. Ich wäre glücklich. Ja, Connie nahm das alles mit der gleichmütigen, aufgeräumten Gelassenheit hin, die ihrer Erziehung entsprach.

Meine Eltern wiederum liefen augenblicklich ans Fenster ihrer Wohnung im zehnten Stock und stritten sich darüber, wer als erster rausspringt.

»So was hab' ich ja noch nie gehört«, jammerte meine Mutter, während sie ihr Kleid zerriß und mit den Zähnen knirschte.

»Er ist verrückt. Du Idiot. Du bist meschugge«, sagte mein Vater und sah bleich und niedergeschlagen aus.

»A finfundfinfzickjährige Schickse?!« kreischte meine Tante Rose, nahm den Brieföffner und hielt ihn sich vor ihre Augen.

»Ich liebe sie«, protestierte ich.

»Sie ist mehr als zweimal so alt wie du«, schrie Onkel Louie.

»Na und?«
»So schickt sich das nicht«, schrie mein Vater, die Tora zitierend.
»Die Mutter seiner Freundin will er heiraten?« kläffte Tante Tillie, als sie bewußtlos zu Boden sank. »Finfundfinfzick und 'ne Schickse«, zeterte meine Mutter und suchte jetzt nach einer Kapsel Zyankali, die sie eben für solche Gelegenheiten aufgehoben hatte.
»Was sind denn die, Mun-Leute?« fragte Onkel Louie. »Haben sie ihn hypnotisiert?!«
»Idiot! Schwachkopf!« schrie Dad.
Tante Tillie kam wieder zu Bewußtsein, starrte mich an, erinnerte sich, wo sie war, und kippte wieder um. In der entferntesten Ecke lag Tante Rose auf ihren Knien und stimmte »Sch'ma Yisroel« an.
»Gott wird dich strafen, Harold«, schrie mein Vater. »Gott wird dir die Zunge am Gaumen festkleben, und all dein Vieh und Gesinde soll sterben, und ein Zehntel deiner ganzen Ernte soll verdorren und ...«
Aber ich heiratete Emily, und keiner brachte sich um. Emilys drei Kinder nahmen dran teil und ungefähr ein Dutzend Freunde. Wir feierten in Connies Wohnung, und der Champagner floß in Strömen. Meine Familie konnte nicht, weil ein früher gegebenes Versprechen, ein Lamm zu opfern, Vorrang hatte. Wir tanzten und machten Witze miteinander, und der Abend war fabelhaft. Irgendwann fand ich mich mit Connie allein im Schlafzimmer wieder. Wir neckten uns und tauschten Erinnerungen an unsere Beziehung aus, an ihre Aufs und Abs, und wie sehr ich mich einmal sexuell zu ihr hingezogen gefühlt hatte.
»Das war sehr schmeichelhaft«, sagte sie herzlich.
»Na schön, ich konnte es nicht mit der Tochter hinschaukeln, dafür habe ich eben die Mutter gekriegt.« Als näch-

stes wurde mir klar, daß Connie ihre Zunge in meinem Mund hatte. »Was zum Teufel machst du denn?« sagte ich und schaltete auf Rückwärtsgang. »Bist du betrunken?«
»Du machst mich verrückt, du glaubst nicht, wie«, sagte sie und zog mich aufs Bett runter.
»Was ist denn in dich gefahren? Bist du nymphomanisch?« sagte ich und stand auf, aber unleugbar erregt durch ihre plötzliche Leidenschaftlichkeit.
»Ich muß mit dir schlafen. Wenn nicht jetzt, dann bald«, sagte sie.
»Mit mir? Harold Cohen? Dem Jungen, der mit dir gelebt hat? Und dich geliebt hat? Der nicht mehr an dich rankam, nicht mal auf Riechweite, bloß weil ich eine Spielart von Danny wurde? Auf mich bist du geil? Dein Brudersymbol?«
»Es ist doch 'ne ganz neue Situation«, sagte sie und drückte sich eng an mich. »Daß du Mom geheiratet hast, hat dich zu meinem Vater gemacht.« Sie küßte mich wieder und sagte, kurz bevor sie zu der Fete zurückging: »Mach dir keine Gedanken, Dad, es wird genügend Gelegenheiten geben.«
Ich saß auf dem Bett und starrte aus dem Fenster in den unendlichen Raum. Ich dachte an meine Eltern und überlegte, ob ich das Theater aufgeben und wieder zur Rabbischule zurückgehen sollte. Durch die halb geöffnete Tür sah ich Connie und Emily, beide lachten und plauderten mit den Gästen, und wie ich da so übriggeblieben rumsaß, eine schlappe, zusammengesunkene Gestalt, war alles, was ich vor mich hinmurmeln konnte, ein uralter Ausspruch meines Großvaters, der lautete: »Oi weh!«

ALTWEIBERSOMMER

Djuna Barnes

Im Alter von dreiundfünfzig Jahren war Madame Boliver wieder jung. Sie wurde mit einem Male von einem Strudel unbekümmerter Jugendlichkeit gepackt und zur strahlenden Schönheit. Was sie mit den Jahren angefangen hatte, die sich zu einer derart vollkommenen Summe addiert hatten, wußte sie nicht – es war ein seltsamer, verschwommener Traum. Sie war unansehnlich, beinah häßlich gewesen, schüchtern, eine alte Jungfer. Sie war groß und ungelenk gewesen – in dem jugendlichen Alter, das bei Mädchen als Knospe bezeichnet wird, hatte sie sich hingesetzt, als würde sie gleich in der Mitte durchbrechen.

Als sie dreißig war, war sie unverhohlen und in erstaunlichem Maße Yankee gewesen; kerzengerade kam sie eckigen Ganges auf einen zu. Sie war streng, schweigsam und neugierig gewesen. Was wahrscheinlich der Grund dafür war, daß sie Madame genannt wurde. Sie trug Schwarz, das mit weißen Kragen und Manschetten abgesetzt war, ihr Haar war straff zurückgebunden und ließ Ohren mit großen Ohrläppchen sehen. Dies straffe Haar entblößte ihr Gesicht zu jener augenfälligen, unschönen Nacktheit, die Zimmer zuweilen an sich haben, wenn schwere, melancholische Vorhänge aufgezogen werden – sie blickte mit derselben unalltäglichen, erwartungsvollen Miene dem Leben entgegen, die gute Stuben zur Schau tragen, wenn sie sich für die einzige festliche Gelegenheit des Jahres auftun, die bekundet, daß ihre Besitzer keine armen Leute sind.

Sie hatte keine Freunde und konnte keine Bekanntschaften aufrechterhalten – ihre Zunge war scharf, rasch und wahrheitsliebend. Sie sprach selten, doch mit soviel unerbittlicher Strenge und Genauigkeit, daß diejenigen, die einmal mit ihr zu tun gehabt hatten, Sorge trugen, ihr kein zweites Mal in dieser Weise ausgeliefert zu sein.
Sie wurde stetig älter und das ohne Bedauern – lange noch, ehe sie dreißig war, hatte sie alle Ansprüche auf ein gewöhnliches Leben wie auch jegliche Hoffnung auf ein »ungewöhnlich« zu nennendes aufgegeben; sie wandelte auf einem geradlinigen Pfad zwischen beiden, und sie war es zufrieden und machte sich wenig Gedanken darüber, was an ihr das wohl war, das sie ungeliebt und unliebenswürdig gemacht hatte.
Ihre Schwestern hatten geheiratet und sich von ihr entfernt wie Blütenblätter fortgeweht werden und den kahlen Stengel übriglassen – ihre Kinder kamen zu ihr wie Pollen, und sie hatte Freude an ihnen und war auf bescheidene Weise glücklich. Früher hatte sie auch einmal von Liebe geträumt, doch das war gewesen, ehe sie noch siebzehn war – zu dem Zeitpunkt war ihr dann klar, daß sie niemand um ihre Hand bitten würde – sie war unansehnlich und unattraktiv, und sie war zufrieden.
Sie war Magd und Ratgeberin in einem geworden – alles, was es zu bewerkstelligen oder zu lösen gab, wurde ihr aufgebürdet. Sie schuftete anstandslos und bereitwillig für andere, und die ließen sie schuften.
Mit dreiundfünfzig erglühte sie in einem Altweibersommer von überwältigender Schönheit. Sie war groß und prachtvoll anzuschauen. Der Duft einer exotischen Blume umwehte sie; sie strömte irgend etwas aus, das in Duft und Ton jene köstliche Nähe zu Schmerz und Lust ahnen ließ; allen bis dahin gestaltlosen Dingen lieh sie plastische

Gestalt. Sie war wie ein erlesenes Holz, das zu einem Model geschnitzt worden war – sie atmete unversehens wie jemand, der ein halbes Jahrhundert tot gewesen ist.
Ihr Gesicht war freilich nicht jenes mollige, flaumige nichtssagende Antlitz der ersten Jugend – es war schmal und dunkel und zeigte ein paar höchst empfindsame Fältchen; um den Mund herum gab es Anzeichen eines Humors, den sie nie besessen hatte, und einer Liebe, die sie nie gekannt hatte, einer Freude, die sie nie erlebt hatte, und einer Weisheit, die zu erwerben ihr ganz unmöglich gewesen war. Ihre immer noch neugierigen Augen mit den blauweißen Rändern und der leuchtenden Iris waren halb von seltsam staubigen Wimpern verhangen. Das Haar, das einst straff zurückgekämmt gewesen war, war zwar immer noch zurückgekämmt, doch entblößte es keine so entsetzlich strengen Züge mehr. Vielmehr schien das Haar all jenen einen Gefallen erweisen zu wollen, deren Blick seine bescheidene Fülle suchte, weil es ein Gesicht enthüllte, das zugleich betrachtenswert und ungewöhnlich war.
Ihr Lächeln war reich an Farben – das leuchtende Hellrot ihres Zahnfleischs, die auffällige Weiße ihrer Zähne, der feuchte Schimmer ihres empfindsamen Mundes, das alles erweckte den Eindruck, Madame Boliver sei durch und durch von einem vollendeten, erlesenen Leben gefärbt.
Wenn sie jetzt den Raum betrat, hoben alle Anwesenden die Köpfe und sprachen über sie. Sie war sich dessen sehr wohl bewußt, und es gefiel ihr – nicht, daß sie übermäßig eitel gewesen wäre, es war nur so neu und unerwartet.
Eine Zeitlang genügte ihr schon ihre bloße Jugend – sie lebte mit sich selbst, als sei sie ein zweiter Mensch, dem der Zugang zu einem wunderschönen, langersehnten Traum gestattet worden war. Sie wußte nicht, was sie tun

sollte. Hätte sie aufgrund ihrer neuen Jugend die Religion wiederentdecken können, sie hätte an Andachten teilgenommen und mit inbrünstiger Freude und Zuversicht dem Niederknien und Aufstehen beigewohnt, doch gehörte dies zu ihrer einstigen Kindheit und war somit nicht, was sie brauchte.

Damals hatte sie gebetet, weil sie häßlich war; jetzt konnte sie nicht beten, weil sie schön war – sie wollte etwas Neues, dem sie sich zuwenden, mit dem sie sprechen konnte.

Eins ums andere verschwanden die alten, unschönen Dinge, und an ihrer Stelle fanden sich venezianisches Glas und Onyxschalen, Seidenstoffe, Kissen und Parfum ein. Aus ihren Büchern wurden Zeitschriften mit seltsamen, unübertrefflich gelungenen und gewagten Illustrationen. Alsbald hatte sie einen Salon. Alles riß sich um sie. Herren mit Politikerkoteletten, mit pomadisiertem und gelocktem Haar, überließen ihre Überzieher den Armen feierlich ernster, bestens geschulter Bediensteter.

Junge Studenten mit Blume im Knopfloch und Ambitionen fanden sich ein; ein, zwei Gesandte schauten herein, legten Herzen zu Füßen und empfahlen sich wieder. Dichter und Musiker, Literaten und Künstler, die mit Modernem experimentierten, gruppierten sich um ihre Kaminsimse wie Schmetterlinge sich über Bonbons zusammenfinden und ergossen ihre Herzen in ihr Ohr.

Etliche Herren von Muße und Millionen machten ihr mit Tränlein in den Winkeln ihrer alerten Augen entfesselt den Hof. Professoren mittleren Alters und gar ein Diözesan fanden sich im Gedränge derer, die ihre hübsche Wohnung an den Tagen füllten, wenn sie empfing.

Etwas an Madame Boliver wollte ihr nicht recht nachgeben. Sie war immer noch ängstlich; sie schreckte zusam-

men, zog mitten in irgendeiner hitzigen Debatte die Hand zurück und erbleichte – bei solchen Gelegenheiten eilte sie dann zum Spiegel, wenn sie auch nie den Kopf wandte, um hineinzuschauen.
War das möglich, daß sie jetzt schön war? Und wenn, würde es andauern? Und ihr Herz sagte ihr: »Ja, es wird andauern«, bis sie endlich glaubte.
Sie ließ die Vergangenheit hinter sich und versuchte, sie zu vergessen. Die Erinnerung daran schmerzte sie, als sei das etwas, das sie in einem Augenblick der Zerstreutheit begangen hatte und dessen sie sich schämen mußte. Sie erinnerte sich daran, wie man sich an eine kleine unrechte Handlung erinnert, die jahrelang im Gedächtnis verborgen lag. Sie dachte an ihre einstige Reizlosigkeit, wie ein anderer an irgendeine selbst verübte Grausamkeit denken mochte. Ihre Augen wurden feucht, wenn sie daran zurückdachte, wie sie sich selbst in den Zwanzigern gesehen hatte. Ihre Lippen zitterten, wenn sie an ihre Strenge und ihre scharfen Erwiderungen zurückdachte.
Ihr eigener Körper warf ihr all das vor, was ihm in ihrer anderen Jugend aufgezwungen worden war, und eine seltsame Leidenschaft bemächtigte sich ihrer und verwandelte die Erinnerung an ihre Schwestern in etwas, das zuweilen jenem Haß der Unterdrückten gleichkam, die sich der Drangsal erinnern, wenn sie der Fülle gewichen ist.
Doch jetzt war sie frei. Sie dehnte sich, sie sang, sie saß lange Stunden träumend, die Ellenbogen aufs Fensterbrett gestützt, und schaute in den Garten hinaus. Sie lächelte, als ihr der alte Brauch der Serenade in den Sinn kam, und fragte sich, wann sie sie wohl selbst kennenlernen würde. Daß sie dreiundfünfzig war, bereitete ihr niemals Sorge. Es kam ihr nicht einmal in den Sinn. Sie war schon vor

langer Zeit, als Zwanzigjährige, dreiundfünfzig gewesen, und jetzt war sie zwanzig mit dreiundfünfzig, das war alles – das war die Entschädigung, und wenn sie ihr mittleres Alter in der Jugend durchlebt hatte, dann konnte sie ihre Jugend auch im mittleren Alter durchleben.

Manchmal dachte sie, wieviel schöner die Natur doch in ihren Betrügereien war als in ihren Heilmitteln.

Diejenigen, die sie umschwebten, boten ihr, ein ums andere Mal, die Ehe an oder wollten sie nach Italien oder Spanien mitnehmen, sie mit Geld und Verehrung überhäufen, und anfangs hatten sie mit ihren Beteuerungen nahezu offene Türen bei ihr eingerannt, weil diese Beteuerungen an sich so neu und so beglückend waren.

Doch desungeachtet war sie irgendwo hinter all ihrer Jugendlichkeit alt genug zu wissen, daß sie nicht liebte, wie sie lieben wollte, und so wartete sie mit einer Geduld, die ihr durch die unablässigen Aufmerksamkeiten der Vielen versüßt wurde.

Und dann war Petkoff, »der Russe«, in Begleitung eines der Studenten gekommen.

Eine schwere Pelzmütze senkte sich bis fast über seine zwinkernden, durchdringenden Augen. Er trug ein Gemisch von Kleidern, das ihn auf Anhieb zugleich als Ausländer wie als armen Mann erkennen ließ. Sein kleiner Schnauzbart bedeckte kaum eben empfindsame, wohlgeformte Lippen, und die gerade Haarsträhne, die ihm zu beiden Seiten seiner enganliegenden Ohren hinabwuchs, erweckte den Eindruck, als gehöre er in eine andere Zeit, so als habe auch er, ungeachtet seines geringen Alters, in der Zeit gelebt, als sie ein Mädchen war.

Er konnte nicht viel über dreißig sein, vielleicht war er gerade eben dreißig – er sagte wenig, wandte den Blick jedoch niemals vom Gegenstand seines Interesses.

Er sprach aber nicht schlecht und fiel dabei gelegentlich ins Russische, was sehr pikant war. Mit seinem unbeirrbaren Blick schlug er alle anderen Bewerber aus dem Feld. Er ignorierte die restliche Gesellschaft so gründlich, daß man ihm wenigstens keine Grobheit nachsagen konnte. Wenn einer die bloße Gegenwart seiner Mitmenschen nicht zur Kenntnis nimmt, kann er allenfalls als »seltsam« gelten.

Petkoff war gleichzeitig ein ehrgeiziger und ein selbstbezogener Mensch – in allem war er entschieden und kannte kein zögerndes Versteckspiel, es sei denn, es bedurfte eines solchen, um zum erwünschten Ergebnis zu kommen. Er wirkte anziehend auf Madame Boliver, weil er genauso seltsam war wie sie, ihre Jugend war etwas Fremdes, und das war auch Petkoff.

Er war in dies Land gekommen um einer vielversprechenden Unternehmung willen; er hatte sich also fürs erste als Mensch und in Herzensdingen in acht zu nehmen.

Was er in bezug auf Madame Boliver empfand, war zunächst Erstaunen darüber, daß eine solche Frau noch unverheiratet war; er wußte nichts über ihre Vergangenheit und schätzte sie als wesentlich jünger ein, als sie in Wirklichkeit war. Nach einer Weile wich sein Erstaunen dann dem Vergnügen und schließlich wirklicher, aufrichtiger Liebe.

Er begann, ihr den Hof zu machen, vernachlässigte infolgedessen seine Geschäfte ein wenig und machte sich diesbezüglich Sorgen, blieb aber dennoch hartnäckig.

Er erkannte sehr wohl, daß sie ihrerseits eine tiefe Neigung für ihn zu fassen begann. Stundenlang lief er im Park umher und ließ sich die Affäre gründlich durch den Kopf gehen. Für und Wider gleichermaßen.

Das brachte ihm jedoch nichts ein, außer zunehmender

Ungeduld. Er neigte zu eindeutigen Schritten und konnte sich nicht entschließen, zu gehen oder zu bleiben. Im Grunde konnte es für sein Geschäft überhaupt nichts Schlimmeres geben als diese anhaltende fiebrige Unentschlossenheit. Er kam zum Entschluß.

Madame Boliver war selig. Sie begann, sich von ihrem geselligen Leben zurückzuziehen und verwandte statt dessen fast ihre ganze Energie auf die Anbetung ihrer ersten wirklichen Liebe. Sie erhörte ihn auf der Stelle mit einer Spur ihrer einstigen messerscharfen Entschiedenheit und grenzenlosen Freimütigkeit. Er erklärte ihr, sie nehme ihn ja wie ein Stück Kuchen bei einer Teegesellschaft, und sie lachten beide.

Das war im Winter. Madame Boliver war fünfundfünfzig – er fragte sie nie, wie alt sie sei, und ihr kam es nie in den Sinn, es ihm zu erzählen. Sie setzten ihren Hochzeitstermin auf Anfang Juni nächsten Jahres fest.

Sie waren ungeheuer glücklich. Einer nach dem anderen zogen die feurigeren unter den anderen jüngeren Bewunderern sich zurück, doch nur langsam; sie wandten im Gehen ein wenig den Kopf, da sie gleichzeitig zu eitel und zu skeptisch waren, um zu glauben, daß so etwas von Dauer sein könne.

Sie gab immer noch Empfänge, und immer noch waren ihre Zimmer voller Menschen, doch wenn Petkoff eintrat, ein wenig besser gekleidet, aber immer noch ein wenig gleichgültig der Schar der anderen gegenüber, legte ihre ausgelassene Heiterkeit sich schlagartig, und sie sprachen von den neuen Romanen und dem neuesten Trend in der Kunst. Petkoff hatte in dem Maße von ihnen Notiz genommen, wie es einem Mann geziemt, der weiß, was er erobert hat und von wem und wievielen. Er blickte sie beiläufig an, doch mit einer Spur von Wohlgefühl.

Madame Boliver wurde schöner, strahlender, graziöser. Ihre Bewegungen begannen fließendem Wasser zu ähneln. Sie war fast zu glücklich, zu geschmeidig, sich ihres Wohlbefindens allzu sehr bewußt. Sie wurde arrogant, blieb dabei aber immer noch die strahlende Schönheit; sie wurde eitel, blieb jedoch immer noch anmutig; sie wurde sich selbst zur Gewohnheit, blieb jedoch immer noch nachdenklich. Man könnte sagen, sie war in einem allzu günstigen Alter aufgeblüht; sie war alt genug, um es zu würdigen, und das ist etwas Gefährliches.
Sie brachte Stunden beim Friseur und beim Schneider zu. Ihr Toilettentisch glich einem Schlachtfeld. Hier fand sich das gesamte Waffenarsenal, um das Alter auf Distanz zu halten. Sie fuhr in einer offenen Kutsche die Allee entlang und lächelte, wenn sie ihren Namen und ihr Foto auf der Seite mit den Gesellschaftsnachrichten fand.
Schließlich hatte man den Eindruck, sie sei zwar schön, sich dessen jedoch zu bewußt; talentiert, doch zu eitel; gewandt im Auftreten, doch dessen allzu sicher; eigenartig und ausgefallen und wundervoll, doch ein wenig zu eigenartig, ein wenig zu ausgefallen, ein wenig zu wundervoll. Sie wurde nach außen hin ungeheuer komplex, doch im Innern bewahrte Madame Boliver immer noch ihre Ehrlichkeit, ihre Offenheit und ihre Schlichtheit.
Und dann mußte Madame Boliver sich eines Tages hinlegen. Es begann mit Kopfschmerzen und endete mit starken Schüttelfrösten. Sie hoffte, am nächsten Tag wieder aufstehen zu können, und lag dann eine Woche im Bett. Sie verschob ihre Gesellschaft, weil sie annahm, bald wieder auf den Beinen zu sein, statt dessen hielt sie sie in einem Sessel sitzend ab, von Kissen gestützt.
Petkoff war besorgt und verdrossen. Er hatte Madame Boliver eine Menge Zeit geschenkt, und er hatte auf eine selbst-

süchtige, alles umfassende Weise viel für sie übrig. Als sie nicht mehr aufstand, zerbrach er einen venezianischen Becher, indem er ihn in den Kamin warf. Als sie darüber lachte, brach er plötzlich in sehr heftiges Weinen aus. Sie versuchte, ihn zu trösten, doch er wollte sich nicht trösten lassen. Sie versprach ihm, daß sie bald wieder auf den Beinen sein werde, wie eine Mutter einem Kind einen langersehnten Gegenstand verspricht. Als sie sagte: »Bald geht es mir wieder gut, Lieber, schließlich bin ich doch eine junge Frau«, hörte er auf und schaute sie durch einen Film schmerzlicher Tränen an.

»Aber bist du das denn wirklich?« fragte er und ließ zum erstenmal seine heimliche Befürchtung laut werden. Und in diesem Augenblick dämmerte ihr das Grauenhafte der Situation. Der Jugend, wenn die Jugend kommt, wie es ziemlich ist, wohnt das Greisenalter inne, das ihren Verlust verschmerzen kann, doch wenn sie kommt, wenn jemand schon alt ist, fehlt ihm die Zeit, ihren Verlust mitanzuschauen.

Sie setzte sich auf und starrte ihn an.

»Ja, nun«, sagte sie trocken und bestimmt, »so ist das nun mal. Ich bin nicht mehr jung an Jahren.«

Sie konnte nicht sagen »nicht mehr jung«, weil sie jung war.

»Es kommt ja auch nicht darauf an.«

»Oha«, sagte sie, »dir wird es nicht darauf ankommen, uns hingegen schon.«

Sie legte sich zurück und seufzte, und kurz darauf bat sie ihn, sie ein Weilchen allein zu lassen.

Als er fort war, rief sie den Arzt.

Sie sagte: »Mein Freund – sterbe ich schon – so bald?«

Er schüttelte nachdrücklich den Kopf. »Natürlich nicht«, versicherte er ihr, »in einer Woche etwa haben wir Sie wieder auf den Beinen.«

»Was hält mich denn dann im Bett fest?«
»Sie haben sich überanstrengt, weiter nichts. Wissen Sie, ein so ausgedehntes gesellschaftliches Leben, liebe Madame, das nimmt noch die Jüngsten mit.« Er schüttelte bei diesen Worten den Kopf und zwirbelte seinen Schnauzbart. Sie schickte ihn ebenfalls weg.
Die nächsten Tage waren glücklich. Sie fühlte sich besser. Sie saß ohne Anstrengung im Bett. Sie genoß Petkoffs liebevolle Aufmerksamkeit, die er ihr mit frischem Eifer zuteil werden ließ. Er hatte Angst gehabt, und er verschwendete mehr übertriebenes Lob und mehr bestrickende Worte auf sie als je zuvor. Er war wie ein Mann, der, als er sein Vermögen schwinden sah, erkannt hatte, wie teuer es ihm doch war und wie unentbehrlich, als es zu ihm zurückkehrte. Dadurch, daß er sie fast verloren hatte, wußte er einzuschätzen, was er empfunden hätte, hätte er sie wirklich verloren.
Es wurde zu einem Scherz zwischen ihnen, daß sie überhaupt irgendwelche Befürchtungen gehegt hatten. Im Klub schlug er seinen Freunden auf den Rücken und rief: »Gentlemen, eine schöne, junge Frau.« Und dann erwiderten sie gewöhnlich den Schlag und riefen: »Glückspilz!«
Sie bestellte einen großen Wein- und Kuchenvorrat für die Hochzeitsfeier, kaufte ein paar neue venezianische Gläser und genehmigte sich ein paar neue kostbare alte Teppiche für den Fußboden. Sie liebäugelte außerdem ziemlich mit einem neuen Kleid, das für eine bemerkenswert niedrige Summe angeboten wurde, doch sie begann sich zu zügeln, denn sie hatte es eigentlich doch arg übertrieben.
Und eines Tages starb sie.
Petkoff kam in einer aufgewühlten, seltsamen Stimmung. Vier Kerzen brannten zu Kopf und Füßen, und Madame

Boliver war schöner denn je. Stampfend, so daß er mit jedem Schritt kleine Staubspiralen vom neu erworbenen Teppich emporsandte, schritt Petkoff neben der Bahre auf und ab. Er beugte sich vor und zündete sich an einer der flackernden Kerzenflammen eine Zigarette an. Madame Bolivers ältliche Schwester, die neben der Toten kniete, hüstelte und blickte vorwurfsvoll in Petkoffs Gesicht hinauf, der einmal mehr jeden und alles vergessen hatte. »Verdammt!« sagte er und schob die Finger in die Weste.

HEIMKEHR

Willy Breinholst

Obwohl man meiner Stimme kaum nachsagt, sie könne es mit den Organen von Caruso, Gigli oder anderen Tenören dieser Größenordnung aufnehmen, scheint mir die Ähnlichkeit ausreichend, um im hiesigen Gesangverein mitzuträllern, der Teil einer größeren Chorgemeinschaft ist. Einmal im Jahr gibt es das große Sängertreffen aller Ortsvereine, und das dauert gewöhnlich ein bißchen länger als erwartet. Das kommt daher, daß es an diesem Abend immer recht feuchtfröhlich hergeht, und dem kann man sich natürlich nicht entziehen. Wenn man schließlich das ganze Jahr über jeden Donnerstagabend damit verbringt, mit Leib und Seele *»Horch, die Lerche singt im Hain«* und *»Wer hat dich, du schöner Wald, aufgebaut so hoch da drohen«* oder andere Perlen edler Sangeskunst zu schmettern, und wir uns mit Kaffee und alkoholfreiem Bier begnügen müssen, um unsere Stimmbänder zu netzen, dann halte ich es nur für fair, wenn wir beim Sängertreffen etwas Besseres bekommen.
Marian sieht das anders. Aber darauf kommen wir später zurück.
Kürzlich lud die Überregionale Gemeinschaft zur Pflege des Chorgesanges alle Mitglieder zum alljährlichen Sängertreffen ein. Als pflichtbewußtes Mitglied ging ich natürlich hin. Nach dem offiziellen Teil wurden Sandwichs, Bier und Schnaps serviert, und später öffnete die Bar, an der es freie Getränke gab. Es wurde etwas spät, ehe ich mich entschloß, nach Hause zu gehen. Vor unserem Haus angekommen, sah ich, daß alle Fenster dunkel waren. Marian schlief ganz offensichtlich den Schlaf der Gerechten. Ich steckte meinen Zigarren-

stummel ins Türschloß und drehte ihn herum, aber die Tür ging nicht auf. Ein nächtlicher Wanderer sah, daß ich Schwierigkeiten hatte, öffnete die Gartenpforte, um nachzusehen, was nicht stimmte. Dann entdeckte er den Zigarrenstummel.
»An Ihrer Stelle würde ich's mal mit einem Schlüssel versuchen, mein Alter«, flüsterte er.
Ich beherzigte seinen Rat und nahm den Schlüssel. Was für eine großartige Idee! Die Tür ging auf. Ich legte dem hilfreichen nächtlichen Wanderer die Hände auf die Schultern und bedankte mich ein ums andere Mal. Da vertraute er sich mir an. Er hatte Angst, nach Hause zu gehen, weil seine Frau eine Hexe war. Er sagte, sie sei allergisch gegen Nickel, Pollen und Alkoholfahnen. Sein Gesicht kam mir bekannt vor. Als ich näher hinsah, stellte ich fest, daß es unser Chorleiter war. Zusammen sangen wir eine Strophe von *»Des Kummers voll ruht' ich auf meinem Unglückslager«* in beklommenem Fortissimo. Dann verließ er mich. Als ich die Diele betrat, begann sie, sich um mich herum zu drehen. Es war, als versuchte sie, mich abzuschütteln. Doch dann packte ich das Treppengeländer fester, und die Diele beruhigte sich. Ein bißchen später öffnete ich die Schranktür, und das ganze Haus fing an, um mich zu kreisen. Wer auch dafür verantwortlich war – selbst wenn es sich um Jungenstreiche handelte, es war nicht richtig, die Häuser harmloser Bürger mitten in der Nacht so heftig zu schütteln, daß man es nicht einmal schaffte, seinen Mantel auszuziehen und zur wohlverdienten Ruhe zu kommen. Wau! War das ein Abend! Und gesungen hatten wir – einfach Klasse! Sehr vorsichtig zog ich meine Abendschuhe aus und hängte sie an den Kleiderständer. Der linke Schuh rutschte ab und fiel polternd hinunter.
»Pssst!« flüsterte ich und hielt den Finger an die Lippen, damit der Schuh mich auch verstand. »Mach keinen solchen Krach.« Dann machte ich mich daran, die Treppe hin-

aufzuschleichen. Als ich ungefähr in der Mitte zwar, rief die Kuckucksuhr im Eßzimmer dreimal. Der verdammte Vogel schreit so laut, daß man ihn im ganzen Haus hört. Für den Fall, daß Marian aufgewacht war, hängte ich neun Kuckucksrufe an. Ich glaubte, den Vogel perfekt imitiert zu haben.

»Wie spät ist es?« fragte Marian mich mit verschlafen klingender Stimme, als ich ins Schlafzimmer kam.

»Zwölf, Liebling«, sagte ich hastig. »Eben hat der Kuckuck zwölfmal gerufen. Hast du's nicht gehört?«

Ich ging ins Bett. Meine Ehre war gerettet. Wenn ich bis Mitternacht zu Hause bin, ist alles in Ordnung. Was für ein Abend! Das Bett drehte sich, schaukelte und schlingerte, als sei es ein Schiff, das versuchte, einen Hurrikan abzureiten.

Am nächsten Morgen beim Frühstück fragte Marian, wann ich nach Hause gekommen sei.

»Kurz vor Mitternacht, wie versprochen«, sagte ich. »Der Kuckuck rief zwölfmal, als ich auf der Treppe war.«

»Da du die Kuckucksuhr erwähnst«, sagte Marian mit einer Stimme, die auf alles Mögliche anspielte. »Ich glaube, sie muß geölt werden.«

»Warum?«

»Na ja, zuerst hat der Kuckuck dreimal gerufen, dann gerülpst und noch neunmal gekuckuckt.«

Ich wechselte schnell das Thema.

»Hast du die Anzeige hier gesehen?« fragte ich. »Schau dir doch mal dieses schicke Nachmittagskleid an. Brauchst du nicht ein elegantes kleines Kleid? Wenn du zum Lunch ausgehst, zum Beispiel. Oder zu Cocktailpartys. Nimm dir das Geld aus meiner Brieftasche.«

Die Jahresversammlung war vergessen, und ich war fast immer zu Hause – zumindest bin ich nicht über Mitternacht hinaus weggeblieben – außer gestern abend. Da fand nämlich eine außerordentliche Generalversammlung der Überregionalen Gemeinschaft zur Pflege des Chorgesanges statt. Die Majorität der Mitglieder wünschte geringfügige Satzungsänderungen. Außerdem sollte der Vorstand neu gewählt werden. Da ich zufällig stellvertretender Schatzmeister bin, erachtete ich es für meine Pflicht, an der Versammlung teilzunehmen.

»Aber komm nicht zu spät nach Hause«, sagte Marian.

»Vor Mitternacht bin ich wieder da.«

»Das würde ich dir auch nachdrücklich empfehlen.«

Ich ging also.

Ich weiß nicht, wo die Zeit geblieben war, aber als ich mir die Schuhe auszog, um mich hinaufzuschleichen, stellte ich zu meinem Entsetzen fest, daß es fast halb vier war. Jede Stufe schien lauter zu ächzen und zu knarren als die vorhergehende, und jede einzelne war ein Judas, der mich verriet.

»Ist da jemand?« fragte eine schläfrige Stimme aus dem dunklen Schlafzimmer.

Ich hatte eine brillante Idee: Ich kuckuckte zwölfmal – laut und durchdringend, genau wie der Vogel in der Uhr. Dann sagte ich: »Ich bin's nur, Liebling.«

»Wie spät ist es?«

»Eben zwölf. Hast du die Uhr nicht gehört? Ich bin übrigens wieder zum stellvertretenden Schatzmeister gewählt worden. Aber schlaf wieder ein, Liebling. An der Westfront ist alles ruhig. Gute Nacht, gute Nacht ...«

Und dann ging ich zu Bett.

Beim Frühstück war die Atmosphäre irgendwie seltsam. Am besten beschrieb man sie wohl mit düsterer Stille. Endlich brach Marian das Schweigen.

»Du hättest dir heute nacht die Mühe mit dem Kuckuck ersparen können«, sagte sie eisig. »Die Kuckucksuhr ist zur Reparatur.«

GEBURTSTAGSÜBERRASCHUNG

Der Chef eines großen Exportbüros in Hamburg beschäftigte im Vorzimmer eine attraktive Sekretärin, die er seit Jahren heimlich bewunderte. Aber er brachte nie den Mut auf, sich ihr zu nähern, so daß ihre Beziehungen lange Zeit rein dienstlicher Natur blieben. Aber eines schönen Tages, ausgerechnet an seinem Geburtstag, änderte sich zu seiner großen Überraschung ihr Verhalten ihm gegenüber ganz plötzlich: Sie war besonders liebenswürdig und zuvorkommend, und am Nachmittag schlug sie sogar vor, den Dienst ausnahmsweise früher zu beenden und den Rest des Tages in ihrer Wohnung zu verbringen. Bei der Ankunft in ihrem Appartement servierte sie ihm einen Drink und verschwand im Schlafzimmer, wo sie noch etwas vorbereiten wollte. Seine Erwartungen auf ein erotisches Abenteuer steigerten sich dadurch so gewaltig, daß er kurzerhand seine Kleider ablegte und im Adamskostüm ihre Rückkehr erwartete. Die Tür zum Nebenzimmer ging auf, und darin standen seine Ehefrau, seine Kinder, Freunde und Kollegen mit einer riesigen Geburtstagstorte und sangen: »Happy birthday to you ...«

»SIE SIND JA SOOO WICHTIG!«

Axel Hacke

Die hatte Locken, goldrot wie Kirschholz, ein schmales, klares Gesicht, Augen dunkelgrün. Als sie mir nach der Lesung das Buch zum Signieren hinlegte, sah sie mich länger an, als ich es gewohnt bin, wenn man mir ein Buch zum Signieren hinlegt. Ich beugte mich betäubt über die Seite und schrieb meinen Namen. An die Stelle, an die das Datum kommt, setzte ich meine Handy-Nummer. Klappte das Buch zu, gab es ihr zurück.

Als ich das Exemplar des Nächsten in der Schlange signierte, dachte – ich: Handy-Nummer! Plumper ging's nicht, was? Wie der stumpfsinnigste Immobilien-Typ! »Sie sind schön, ich bin verwirrt, ich habe meinen Namen vergessen«, hätte ich schreiben sollen, dann die Nummer. Was für eine peinliche Scheiße! Wo ist sie? Muß ihr das Buch wegnehmen. Sie war verschwunden. Ein paar Tage später war ich mit Paola abends in der Stadt.

»Wir haben nichts zu essen daheim«, sagte sie. Wir standen vorm Dallmayr und gingen hinein. Der Laden war brechend voll. Am Marmeladenregal klingelte das Handy.

»Ich wollte die Nummer im Buch ausprobieren«, sagte eine rothaarige Stimme.

Ich drehte mich um. »Hallooo ...«, telephonierte ich ins Marmeladenregal hinein.

»Wer ist das?« fragte Paola leise. Ich machte eine abwehrende Handbewegung. Sie schob sich durch das Gewühl zur Salattheke.

In dem Moment trat ein älterer, kleiner Mann in einem

abgetragenen grauen Lodenmantel neben mich, starrte böse und zischte: »Mein Gott, jetzt telephonieren die Leute schon beim Dallmayr!« Er machte eine Pause, dann sagte er: »Sie sind ja so wichtig, mein Gott, wie wichtig! Müssen beim Dallmayr telephonieren, so wichtig!«
»Ist der Dallmayr eine Kirche, oder was?« sagte ich.
»Sind Sie noch da?« fragte ich ins Telephon.
»Natürlich«, sagte sie.
Der Mann zischte wieder: »Sie sind ja sooo wichtig!«
»Was wollen Sie? Lassen Sie mich in Ruhe!« sagte ich.
»Aber Sie haben doch die Nummer in das Buch geschrieben!« sagte die Frau im Telephon.
Ich steckte den Kopf mit dem Telephon tief in eine Lücke zwischen den Marmeladengläsern. Der Mann stellte sich auf die Zehenspitzen. Bellte mir ins Gesicht: »Sind ja sooo wichtig!«
»Ich hätte das nicht tun sollen«, sagte ich ins Handy.
»Peinlich, daß ich anrufe?« fragte sie.
Der Mann war verrückt. Seine Augen waren haßerfüllt. »Sie sind ja sooo wichtig!« keuchte er durchs Regal. »Müssen beim Dallmayr telephonieren!«
»Nein«, sagte ich in den Apparat. »Ich hätte einfallsreicher sein sollen. Etwas wie: ›Sie sind schön, ich bin verwirrt, ich habe meinen Namen vergessen.‹ Fiel mir erst hinterher ein.«
Ich hatte den Kopf fast hinter den Gläsern mit der Erdbeermarmelade.
»Sie sind verwirrt? Haben Ihren Namen vergessen?« fragte sie. Durch das Gezischele des Irren hatte sie nicht den ganzen Satz verstanden. »Mit wem spreche ich?« fragte sie.
Paola blickte von der Salattheke herüber. Der Kopf des Mannes folgte mir, krebsrot. Ist das hier der Dallmayr oder Teufels Küche? dachte ich. »Sie sind ja sooo wichtig«, heulte der Mann.

»Sind Sie wahnsinnig?« zischte ich. »Nein, ich wollte sagen ...« sagte ich ins Telephon, »hallo? ... Hallo?« Aufgelegt.
»Arschloch«, sagte ich zum Lodenmantel und drängelte durch die Menge zu Paola.
»Ein soooo wichtiger Herr!« höhnte er hinter mir her.
»Was wollte der komische Typ von dir?« fragte sie.
»Keine Ahnung«, antwortete ich müde.
»Und wer war nun am Telephon?« fragte sie.
»Kein Ahnung, nichts verstanden«, antwortete ich noch müder.
»Ich habe Salat zum Abendessen gekauft«, sagte sie sanft.
»Möchtest du noch etwas anderes außerdem?« Sie gab mir einen Kuß.
Ich mach's auch nie wieder, dachte ich, nie wieder! Ich Schwein. Ich Narr. Ich Narrenschwein.
»Ich ... ach, ich bin doch nicht wichtig«, sagte ich leise.

WAS SOLL DIE FRIEDA KOCHEN

Hanns Dieter Hüsch

Diese Geschichte soll auch ein Beleg dafür sein, daß ich natürlich nicht 48 Jahre immer unterwegs war, immer aus dem Koffer gelebt, immer auf der Achse, von einem Hotel ins andere gezogen bin. Nein, ich bin zwischendurch auch schon mal nach Hause gekommen. Wenn ich wirklich jemanden ausgebeutet haben sollte, in all den Jahren, dann war es in allererster Linie meine eigene Familie, die aufgrund dieses merkwürdigen Berufes manchmal sehr oft und sehr lange nichts von mir haben konnte. Aber wenn ich dann nach Hause kam, standen wir sofort vor einem Riesenproblem. Das ist überregional, das kennen Sie auch alle. Ich würde sogar behaupten, das ist international. Das Problem.

Denn dann fragte mich die Frieda sofort: »Also wenn ich nur wüßte, was ich heute wieder mal kochen soll. Fällt dir was ein, fällt dir was ein, fällt dir was ein?«

Und ich sagte: »Kochen, laß mal überlegen, mach doch was, mach doch was, mach doch was, was am wenigsten Arbeit macht.«

»Ja, was am wenigsten Arbeit macht, das ißt du ja wieder nicht.«

»Ja, und was ist das?«

»Pellkartoffeln mit Quark, eß ich für mein Leben gern.«

»Dann mach das doch.«

»Ja, dann muß ich ja für dich wieder was Extras machen.«

»Nein, mußt du nicht, mach Pellkartoffeln mit Quark, vielleicht schmeckt's mir auf einmal. Ich hab auch früher keine Möhren gemocht, als Kind, aber so wie du sie machst, esse ich sie doch inzwischen, deine Möhren.«

»Nein, ich weiß schon, was ich mache. Ich mache Hackbraten mit Spätzle und Salat, und für dich kann ich ja ganz rasch 'n paar Kartoffeln machen, du bist ja nicht so sehr für Teigwaren.«

»Mach doch 'ne Suppe.«

»Ja was denn?«

»Linsensuppe, Bohnensuppe, Erbsensuppe, kannst du also wirklich jeden Tag ...«

»Ja wenn's nach dir ginge, müßte ich jeden Tag Suppe machen. Aber bild dir nur nicht ein, daß das keine Arbeit macht, grade Suppe macht Arbeit, grade Suppe. Vor allen Dingen Frühlingssuppe.«

»Ja, ja, dann, dann mach eben, was schnell geht, Spinat durcheinander oder sowas.«

»Hatten wir doch gerade vorgestern.«

»Dann mach Fischstäbchen.«

»Fischstäbchen, also wenn dir nix mehr einfällt, fallen dir nur noch Fischstäbchen ein. Außerdem wollte ich die Freitag machen.«

»Ja, dann mach doch Paprikaschoten oder jetzt 'ne Tasse Kaffee und 'n Stück Kuchen und heute abend essen wir warm, können wir auch, man ist ja flexibel.«

»Du, ich könnte auch Bratwurst machen.«

»Mach doch Kaffee und Kuchen, mir ist es wirklich ganz Wurscht.«

»Da wirste doch nicht satt von.«

»Dann eß ich eben noch 'n Brot, ist doch wirklich kein Problem, Menschenskind noch mal.«

»Also, ich kann auch rasch 'n paar Spiegeleier machen.«

»Also mir ist das wirklich ganz egal, ich hab sowieso nicht viel Hunger.«

»Ja, wenn du keinen Hunger hast, brauche ich ja gar nicht erst anzufangen.«
»Doch, doch, ‘n bißchen Hunger hab ich schon.«
»Das sagst du jetzt nur mir zuliebe, ich kenn dich doch.«
»Nein, ich mein doch nur, daß es mir egal ist, du sollst jetzt hier nicht groß rumwühlen, das meine ich.«
»Also, wenn ein Mann schon sagt, daß es ihm egal ist, was seine Frau kocht, dann brauche ich wirklich nicht anzufangen.«
»So hab ich das doch gar nicht gemeint.«
»Ja, wie hast du’s denn gemeint?«
»Ich mein doch nur, daß du nicht, wie gestern, was Großes mit Suppe und Nachtisch machst, sondern einfach, was wenig Arbeit macht.«
»Also gestern der Schweinebraten mit Zitronencreme hinterher hat überhaupt keine Arbeit gemacht.«
»Mach doch einfach ein paar Brote, dann hat sich der Fall, ich bin doch weiß Gott kein Chauvi.«
»Na, na, na, na, na, also das würde ich bei dir nicht so ohne weiteres unterschreiben.«
»Also komm jetzt, bei uns zu Hause hieß es früher immer, was auf den Tisch kommt, das wird gegessen.«
»Das sollte ich mal bei dir machen, hoho-hoho. Ne ne ne, so großzügig bist du gar nicht, wie du immer tust. Im stillen möchtest du doch lieber was anderes.«
»Was soll denn das schon wieder heißen?«
»Ja ich bin eben unsicher. Schließlich, wenn du schon mal nach Hause kommst, will ich dir was einigermaßen Gescheites vorsetzen.«
»Hab ich schon mal gemeckert, im Gegenteil, ich hab immer noch fleißig Dill und Petersilie mitgehackt. Und hab ich schon mal gesagt, daß es mir nicht schmeckt?«
»Aber gedacht, das macht mich ja so unsicher.«

»Ja wenn das so ist, wenn das so ist, das können wir doch ganz leicht ändern, dann schlage ich wirklich mal ab und zu mit der Faust auf den Tisch.«
»Laß den Tisch bitte ganz.«
»Weißt du was, mach doch Speckpfannkuchen mit Salat.«
»Das wollte ich morgen machen.«
»Also gut, dann mach Pellkartoffeln mit Quark.«
»Ich kann auch gebackene Bohnen.«
»Nein, jetzt machst du bitteschön Pellkartoffeln mit Quark.«
»Aber wenn du lieber gebackene Bohnen.«
»Also jetzt sage ich gar nichts mehr.«
»Also doch gebackene Bohnen.«
»Nein, Pellkartoffeln mit Quark, ich will keine Extrawurst.«
»Also, ich könnte schon längst fertig sein, wenn du dich einmal klar ausdrücken würdest.«
»Wir könnten schon längst gegessen haben, wenn du einmal meine Vorschläge ernst nehmen würdest.«
»Also, dann koche ich gar nichts.«
»Ist mir auch recht.«
»Also Schluß, ich mach jetzt eine Linsensuppe.«
»Du machst jetzt bitteschön Pellkartoffeln mit Quark. Das wollen wir doch mal sehen! Das wollen wir doch mal sehen!«
»Also gut, wie der Herr befehlen, Pellkartoffeln mit Quark.«
Und so kriege ich natürlich im Laufe der Jahre jedes zweite Essen in die Schuhe geschoben.

ALLERLEI ZIPPERLEIN – GESCHICHTEN RUND UM LEIB UND SEELE

DÄMON 39^{2}

Peter Bamm

Früher waren Seuchen eine wilde und apokalyptische Angelegenheit, die die Menschen mit Entsetzen erfüllten und an das Jüngste Gericht gemahnten. Die modernen Epidemien sind sachlich, zivilisiert und geschmackvoll zurückhaltend. Man bemerkt sie nur in den Bilanzen der Arzneifabriken, wo sie als lebhafte Umsatzsteigerungen erscheinen. Die Menschen, die von ihnen befallen werden, denken nicht an das Jüngste Gericht, sondern an die nächste Apotheke. Trotz aller unzweifelhaften Verbesserungen unserer Verkehrsmittel sind unsere Verbindungen mit dem Himmel schlechter geworden.

Die Sache fängt mit einem harten Husten an. Es klingt wie das Bellen eines heiseren Hofhundes in kalter Winternacht. Man ahnt schier noch nichts Böses. Man weiß nicht, daß der Dämon einen schon beim Wickel hat. Man wurstelt immer noch munter umeinand' – ein schönes Beispiel menschlicher Hybris auf der Grundlage der Ignoranz! Aber schon zwölf Stunden später werden die Knochen weich. Der Dämon fängt an, sich einzurichten. In dem Maße, wie er langsam von einer Person Besitz ergreift, schrumpft deren Umwelt zusammen. Das Bellen wird kontinuierlicher, heiserer, etwas höher und nimmt einen atonalen Charakter an. Dies ist der Augenblick, da der alte Ratschlag am Platze ist: »Weiterrauchen und nicht verzweifeln!« Dies ist auch der Zustand, in dem nach alter Überlieferung große Mengen von heißem Grog von hohem

Nutzen sein sollen. Aber wenn der Grog nicht so heiß ist, daß man ihn nicht trinken kann, dann soll man ihn nicht trinken. Ich bin weit davon entfernt, eine so ehrwürdige Überlieferung mit den oberflächlichen Mitteln rationalistischer Aufklärung widerlegen zu wollen. Es ist Tatsache, und jeder im Grogtrinken Erfahrene wird mir das bestätigen, daß man in diesem zweiten Stadium Grogmengen vertragen kann, die einen in gesunden Tagen umwerfen würden. Die Erklärung ist einfach genug. Es ist der Dämon, der den Grog säuft. Und sein Durst ist unersättlich.

So sitzt also am zweiten Tag abends, da, wo vorgestern noch ein würdiger und honoriger Bürger saß, der sich seiner Pflichten gegen die Gesellschaft bewußt war, eine febrile Hülse, von einem besoffenen Dämon erfüllt, mit einer Umwelt von der Größe einer mittleren Tonne.

Der nächste Tag bildet den tragischen Höhepunkt eines Verfalls, von dem die Gelehrten behaupten, daß sein Erreger ein ultravisibles Virus sei. Das ist, wenn man es recht versteht, eine Sache, die unsichtbar ist, weil man sie nicht sehen kann. Aber das erkläre man einem Mann, der geschüttelt wird von einem Dämon, der wieder nüchtern ist und einen Kater hat!

An diesem Punkt endlich, wo aller männliche Stolz nicht soviel wert ist wie ein Glas Wasser, verläßt Eva den Wigwam durch die hinteren Felle und holt den Magier, den Zauberer, den Medizinmann, der von Berufs wegen Dämonen k. o. schlägt.

Es ist ein wahrer Jammer, daß die Ärzte keine Bärte mehr tragen. Zweifellos würden die Dämonen vor bärtigen Ärzten mehr Respekt haben als vor solchen, die glatt rasiert sind.

Während man von dem Dämon zu einem immer formloseren Nichts zusammengebeutelt wird, sitzt auf einmal der freundliche Magier auf des Schlachtfelds Kante. Nachdem er eine Reihe von althergebrachten Klopf- und Horchriten vollzogen hat, sagt er schlicht: »Eine ganz gewöhnliche Grippe!«

Ein gerader Linker für den Dämon! Er hat einen Namen bekommen. Damit schon hat der Zauberer die erste Runde für das formlose Nichts gewonnen. Der Dämon hat einen Namen! Jetzt kann man ihn beschwören. Ha, und lächerlich gemacht ist er auch noch! Vor einem lächerlichen Dämon braucht man sich nicht mehr zu fürchten.

Das Zauberwort des Magiers erhebt das formlose Nichts zur Würde eines Kranken und den Zustand erbärmlicher Klapprigkeit zur Würde einer Krankheit. Die neue Umwelt ist geschaffen, die Umwelt des Kranken, der seine Rechte und seine Pflichten hat.

Zu seinen Rechten gehört der Anspruch auf unbeschränkte Mengen von Mitleid seitens Evas, die unterdessen wieder in Erscheinung getreten ist, als ob nichts gewesen wäre. Es ist ganz unglaublich, was für Mengen von Mitleid ein kranker Mann vertragen kann. Ich sage nur, soviel wie gesunde Frauen Komplimente. Mag Eva es sich selber ausrechnen.

Aber der Kranke hat auch Pflichten. Zum Beispiel Wünsche zu äußern, damit der Nächsten Liebe genügend Betätigungsmöglichkeiten findet. Und dann natürlich hat er die Pflicht, seinem reizenden Magier, der ihm seine menschliche Würde wiedergegeben hat, eine Freude zu machen. Es muß ihm also morgen besser gehen. Also bellt er heiser nach einem Filetbeefsteak mit Spiegelei und reichlich Meerrettich. Ein schwerer Uppercut für den Dämon! Wenn einer aufrichtig bemüht ist, seinem Doktor eine Freude zu machen – der arme Mann, der ist jetzt vierzehn Stunden täglich unterwegs –, dann sind auch die einfachsten

Medikamente geeignet, ihm zu helfen. Allmählich fängt der Dämon an zu kränkeln. Am nächsten Morgen – welch reizende Szene!
»Na, wie geht's?«
»Ach, danke, Doktor! Danke! Danke! Bedeutend besser! Großartig das Chinin! Einfach wunderbar!«
»Na ja! Erprobte Sache das!«
Da krümmt der Dämon sich und haucht sein schwarzes Leben aus. Der reizende Magier aber zieht zufrieden von dannen, der Würde nicht bedürfend, die er so reichlich zu verschenken hat.
Nun heißt es nur noch, zweimal vierundzwanzig Stunden schlafen, von vier Filetbeefsteaks unterbrochen.
Dann ist die ganz gewöhnliche Grippe vorbei, und dann könnte man anfangen, wieder über die Krise in der Medizin nachzudenken.
Aber ich werde den Herren Doktoren etwas husten, tief, sonor und locker, und eine Flasche Rotwein auf das Wohl des Chinins trinken. Eva lächelt und hat gegen nichts etwas dagegen.
Vielleicht sollte man überhaupt von Zeit zu Zeit einmal krank werden. Ob gar das Kranksein im Leben vielleicht einen Sinn hat? Für die Ärzte sicher! Sie leben davon. Für die Versicherungsgesellschaften auch! Sie werden reich und mächtig davon. Auch für die Apotheker, auch für die imposante pharmazeutische Industrie hat die Krankheit ihren guten Sinn. Sie gibt ihnen die schöne Gelegenheit, ihren Mitmenschen zu helfen. Womöglich hat die Krankheit sogar für den Kranken einen Sinn.
Es wird Zeit, einen Urlaub zu nehmen und in den Kirchenvätern darüber ein wenig nachzulesen.

HUNDERT WERDEN OHNE REUE

Axel Hacke

Was den Tod angeht, so halte ich es mit Woody Allen: »Ich möchte nicht durch meine Werke unsterblich werden. Ich möchte unsterblich werden, indem ich nicht sterbe.«

Seit Jahren sammle ich deshalb Artikel über Menschen, die mehr als hundert Jahre alt geworden sind: Ich streiche mir rot an, was sie über ihre Lebensweise verrieten. Eine Auswahl: Viel Knoblauch. Viel häkeln. Niemals häkeln. Viel trinken. Wenig trinken. Regelmäßig trinken. Rotwein. Tee. Keine Aufregung. Sich begeistern. Viel Nüsse. Keinen Wecker haben. Früh aufstehen. Viel Sport. Kein Sport. Bißchen Sport. Kein Sex. Ballaststoffe. Viel Sex. Wenig arbeiten. Immer arbeiten ... Ich probiere alles aus, irgendwas wird schon helfen. Falls ich doch nicht unsterblich werde, soll man mir die Liste mit ins Grab geben. Vielleicht kann man sich irgendwo beschweren damit.

Zum Beispiel hatte ich eine Phase, in der ich, einer Aufforderung aus der näheren Verwandtschaft zu besserer Ernährung folgend, jeden Tag Müsli zu mir nahm. Die Folge: Ich begann unter entsetzlichen Blähungen zu leiden. Kennt jemand diesen Werbespot, in dem ein dicker Mann, in einem Whirlpool sitzend, eine Tablette zu sich nimmt, worauf das Wasser schlagartig zu sprudeln aufhört? Es handelt sich um Reklame für ein Medikament gegen Flatulenzen. Der Mann im Wasser hätte ich sein können. Allerdings nahm ich nicht die Tabletten, sondern hörte auf, Müsli zu essen. Lieber doch sterben, dachte ich, als wie ein Furzballon durchs Leben zu schweben.

Bruno, mein Freund, sagt, das sicherste Rezept für ein langes Leben sei seiner Meinung nach, jede Minute zu genießen und viel zu lachen. Der Körper bekomme auf diese Weise lauter positive Nachrichten und werde motiviert, es länger als andere Körper zu machen. Das erinnere ihn, sagt Paul, mein anderer Freund, an seine Mutter, die bei jeder Mahlzeit gerufen habe: »Eßt nicht so hastig, Kinder, ihr müßt genießen!« Er hätte daraufhin, sagt Paul, am liebsten gerufen: »Was genießen, Mutter!? Den Fraß, den du heute wieder gekocht hast?« Das ging aber nicht.

Im übrigen rief die Mutter bei jeder Urlaubsfahrt mit dem Auto: »Genieße diese herrliche Landschaft, Junge! Vielleicht siehst du so etwas nie wieder!« Paul dachte, sie verheimliche ihm, daß er an einer tödlichen Krankheit leide. Dabei meinte sie nur, er werde möglicherweise nie wieder hierherkommen. Urlaubsreisen waren damals ja noch die Ausnahme, nicht die Regel, wie heute.

In Amerika erschien vor einiger Zeit ein Buch, in dem behauptet wird, es gebe sozusagen zwei Arten von Alter: das kalendarische und das tatsächliche, welches sich aus der Art der Lebensführung errechne. Wer also zum Beispiel mehr als zwanzig Schachteln Zigaretten pro Jahr rauche oder in einem Zimmer mit einem Raucher arbeite, sei drei Jahre älter, als in seinem Paß stehe. Wer zweimal Fisch pro Woche esse, dürfe dafür wieder ein Jahr abziehen, wer täglich Sport treibe, noch einmal 18 Monate. Erstaunlich: Männer, die mehr als dreihundert Orgasmen pro Jahr haben, dürfen sich drei Jahre jünger fühlen …

Dreihundert Orgasmen pro Jahr?! Herrje, und wir haben schon Mai! Entschuldigung, einen Moment …

…

Ja, jaaa, oh, oooh, ooooooh, jaaaaaaa …

…

Was steht noch in dem Buch? Mehr als der tägliche Höhepunkt bringe nur regelmäßige Zahnpflege. Das macht sechs Jahre jünger. Mein Tip für heute: Zahnseide nach dem Sex macht neun Jahre jünger. (Vorsicht bei Personen unter 25 Jahren: Rückfall in die Pubertät möglich!)

VERGESSLICHKEIT LIEGT BEI UNS IN DER FAMILIE

Inge Helm

Das muß ich von meiner Großmutter geerbt haben: Ich verlege nicht nur Dinge des täglichen Gebrauchs wie Autoschlüssel, Brille, Handtasche und Pillendöschen, sondern vergesse auch, die Haustüre zu schließen, wenn ich fortgehe, den Braten vor den Hunden zu verstecken, wenn ich außer Haus bin, oder die Strom- und Telefonrechnung zu bezahlen, so daß wir im Dunkeln sitzen und obendrein völlig abgeschnitten von der übrigen Welt sind. Außerdem entfallen mir immer so wichtige Daten wie Geburtstage, Arzttermine, vornehmlich die beim Zahnarzt, die Zahnregulierung unserer Hündin und der Hochzeitstag. Dabei bin ich sogar im Besitz einer Mutter, die ständig ihren Leitsatz »heilige Ordnung, segensreiche Himmelstochter« auf den Lippen trägt.
Trotzdem bringe ich es nicht rechtzeitig fertig, meine Winterklamotten zu Beginn des Sommers in den Keller zu räumen und die Sommersachen nach oben, und merke diesen fatalen Fehler erst dann, wenn ich bei dreißig Grad im Schatten um ein Haar im Skipullover einem Hitzschlag erliege.
Selbst bei der Trauung vor fünfundzwanzig Jahren befanden sich in meinem entzückenden Handtäschchen nur Lippenstift, Puderdose und ein irrsinnig aufregendes Parfüm für die Hochzeitsnacht, welche dann leider verschoben werden mußte, da Personalausweis, Reisepaß oder Führerschein fehlten, um mich auszuweisen.
So war es auch nur eine Frage der Zeit, daß der Vater mei-

ner drei Kinder seinen Hut nehmen wollte, dann aber doch nicht ging, weil ich mich nicht erinnerte, wohin ich diesen verlegt hatte. Heute ist er wesentlich ruhiger geworden, atmet tief durch und bezahlt kommentarlos Strom- und Telefonrechnung, so daß ich Wachskerzen nur noch wegen der Romantik im Hause zu haben brauche. Er ist auch derjenige, der fünfzig Kilometer fährt, um mir den Ersatzschlüssel für mein Auto zu bringen.

Doch bevor ich nun wirklich aufatmen konnte, zog meine älteste Tochter in ihre erste eigene Wohnung. Neulich kam sie für ein verlängertes Wochenende vorbei und fragte gleich an der Haustüre, was geschähe, wenn sie die Kaffeemaschine angelassen habe und diese nun fünf Tage vergeblich versuche, Kaffee zu kochen.

Abgesehen davon, daß ich sicher bin, mein kleines Fehlerlein nicht vererbt zu haben, versuchte mein Mann, ihr klarzumachen, daß, wenn überhaupt, zuerst die Heizplatte durchschmore, der Tisch und der Fußboden, bevor das ganze Haus in Flammen stünde.

Er mußte umgehend den Wagen starten und mit uns zur Wohnung meiner Tochter rasen, vier Treppen hinaufjagen, den Feuerlöscher aus der Wand reißen und die Wohnungstüre aufbrechen, bloß um festzustellen, daß sie nicht nur die Maschine vorschriftsmäßig ausgeschaltet, sondern sogar den Stecker aus der Wand gezogen hatte. Nachdem sie uns mit einem Kognak wieder belebt hatte, kehrten wir beruhigt nach Hause zurück.

Kaum betraten wir die heimische Schwelle, da erkundigte sich meine Tochter, wie hoch wohl die Lebensdauer einer Sechzig-Watt-Birne sei. Und als sie meinen entgeisterten Blick auffing, sagte sie gedehnt: »Na ja, ich glaube, jetzt habe ich in der Aufregung das Licht in der Diele brennen lassen.«

ICH BIN EIN ALTER KNACKER

Hellmut Holthaus

Ich bin ein Knacker. Ein alter Knacker selbstverständlich, denn junge Knacker gibt es nicht. In dieser Beziehung sind die Knacker den Phöniziern ähnlich.
Ich weiß es von einem jungen Mädchen. Es sagte zu einem anderen jungen Mädchen: Och, so 'n alter Knacker, er ist schon fünfundvierzig.
Sie sprachen nicht von mir, aber ich saß auch in dem Abteil und hörte es. Sie sprachen von irgendeinem fünfundvierzigjährigen Mann. Jedoch, was diesem recht war, mußte mir billig sein, denn auch ich war fünfundvierzig. Wenn er ein alter Knacker war, war ich auch einer in den Augen solcher reizenden jungen Damen.
Es ist ja auch egal. An das Knackertum muß man sich gewöhnen, es ist ganz unvermeidlich. Mir kam es allerdings ein bißchen plötzlich. Da läuft man bloß ein paar Jahre herum auf diesem ruppigen Planeten, und auf einmal ist man ein alter Knacker. Ich hätte nicht gedacht, daß es so schnell geht.
Ich hätte eher angenommen, es begänne mit sechzig. Das muß aber damit zusammenhängen, daß ich noch keine sechzig bin. Denn die Sechzigjährigen verlegen die Schwelle des Knackertums jenseits der Siebzig. Die Siebzigjährigen ihrerseits sagen, ein alter Knacker sei ein achtzigjähriger Mann. Die stattlichen Achtziger aber erklären, der Knacker beginne mit neunzig. Als zwei Endachtzigern, die einen gleichaltrigen Skatkumpanen durch den Tod verloren hatten, ein rüstiger Endneunziger als Ersatzmann

vorgeschlagen wurde, sagten sie: Mit so einem alten Knacker spielen wir nicht! Der rüstige Endneunziger aber kündigte zornig an, man werde es noch erleben, daß er mit den Knochen der beiden Skatbrüder in die Birnen schmeiße.

So ergibt sich die verblüffende Tatsache, daß der Mensch dem Knackertum immer näher rückt, ohne es doch jemals zu erreichen, jenen eigentümlichen mathematischen Kurven vergleichbar, die gewissen Linien immer näher kommen und sie doch in alle Ewigkeit nicht berühren. Das ist die höhere Knackermathematik, um die sich die jungen Mädchen allerdings kein bißchen kümmern. Sie sehen die Sache anders an und legen unseresgleichen unter alte Knacker ab. So wurde auch ich ein Knacker.

Mir selbst war mein Knackertum bis dahin noch nicht aufgefallen. Was soll denn eigentlich knacken an mir? Zum Kuckuck! Es müßte doch etwas knacken, wenn das Wort einen Sinn haben soll. Ich höre nichts! Flink, kraftvoll und geschmeidig laufe ich einher, es geht wie geölt, nichts knackt. Wenn ich ein alter Knacker bin, dann bin ich jedenfalls einer der jüngsten alten Knacker, die es gibt, das müßt ihr zugeben, ihr Mädchen.

Wartet nur! Das weibliche Gegenstück zum Knacker ist die Knacke. Was meint ihr, wie es ist, wenn ich doppelt so alt – wenn ich neunzig bin? Jetzt seid ihr zwanzig, aber dann seid ihr nicht vierzig, das wäre falsch gerechnet, dann seid ihr fünfundsechzig. Seht ihr, so kommen wir uns wieder näher. Vielleicht knackt ihr dann schon ganz schön. Das sollte mich jedenfalls freuen. Ich aber werde an euch vorüberschreiten, federnd, elegant und feurig und ohne im mindesten zu knacken. Ich will es jedenfalls hoffen.

JONATHAN VERLIERT KEINEN SCHLÜSSEL

Helga Leeb

Jonathan ist glücklich. »Ein ganzer Tag in San Francisco«, ruft er und stellt den Motor ab. »Ist das nicht herrlich?«

»Wunderbar«, stimme ich zu und lege mich aufatmend in die Polster unseres riesengroßen Leihwagens zurück, in dem wir Amerika durchquert haben. Fünftausend Meilen, immer nach Westen, von New York bis zum Pazifik.

In Las Vegas hätten wir gerne in einer der vielen kleinen Kirchen zwischen Spielcasinos und Showpalästen geheiratet. Es ging leider nicht, weil wir schon verheiratet waren.

Dafür haben wir am Mississippi den Highway verlassen und sind ein Stück am Ufer des Stroms entlanggewandert.

Eine schwarze Baumwollpflückerfamilie machte Picknick auf ihrem Lastwagen und wollte uns unbedingt zum Highway zurückfahren. Man geht in Amerika nicht zu Fuß. Nicht einmal am Ufer des Mississippi. Er floß träge, grau und schwermütig in Richtung Süden. Alles war wie in »Vom Winde verweht«, das Land, der Himmel, der Fluß. Nur noch weiter und größer und herzzerreißend amerikanisch.

Als wir in der Mittagshitze zu unserem Auto zurückkamen, hatte es die Augen geschlossen. Das tun manche Autos in den USA. Sobald man sie parkt, klappen sie langsam ihre Augendeckel über den Scheinwerfern zu. Unseres blinzelte immer ein bißchen dabei.

Jetzt steht unser Auto in einer stillen Villenstraße auf einem der Hügel von San Francisco, und wir sitzen drin, ein wenig

müde vom frühen Aufstehen, ein wenig erschöpft von den fünftausend Meilen, die hinter uns liegen, ein wenig traurig, daß dies unser letzter Tag in Amerika sein würde.
»Als erstes sollten wir mit der berühmten alten Straßenbahn fahren«, schlage ich Jonathan vor.
»Machen wir«, sagt Jonathan und streckt gähnend Arme und Beine von sich, soweit das zwischen Gaspedal und Verdeck möglich ist. »Ich glaube, ich habe drei Querstraßen von hier die Endhaltestelle mit der Umkehrschleife gesehen.«
»Und dann steigen wir unten am Meer bei ›Fishermen's Wharf‹ aus und hören ein bißchen den Straßenmusikanten zu und kaufen uns an einem der Fischstände eine Riesenportion frische Krabben mit Mayonnaise und essen dazu französisches Weißbrot, das zwischen den Zähnen kracht und nicht wie aufgeweichter Pappendeckel am Gaumen kleben bleibt. Das gibt's hier nämlich.« »Toll.« Jonathan hat sich von meiner Begeisterung anstecken lassen.
»Und danach zuckeln wir mit der Straßenbahn zurück, setzen uns ins Auto und fahren über die Golden Gate Bridge.«
»Aber ganz, ganz langsam. Noch langsamer als die Amerikaner sowieso fahren. Und drüben in Sausalito suchen wir die kleine Bar, in deren Spiegel man die ganze Stadt sehen kann, die weißen Häuser, die Hügel und die Brücke, die aussieht wie ein zarter, weitgeschwungener Bogen. Und dort trinken wir unseren Whisky sour.«
»Tun wir«, erklärt Jonathan. »Woher weißt du das übrigens alles?«
»Von unserer Freundin Charlie. Die hat hier einen Teil ihrer wilden Jugendjahre verbracht.«
»Ach wirklich? Ich dachte immer, die hat sie in Afrika verbracht.«

»Auch, aber das erzähle ich dir ein anderes Mal. Jedenfalls hat Charlie gesagt, wir müßten unbedingt von Sausalito aus ein Stück in die Red Woods hineinfahren. Die Bäume sähen aus wie die Säulen gotischer Dome, nur höher und feierlicher.«

»Okay, warum nicht«, stimmt Jonathan gutgelaunt zu.

»Und dann –«

»Dann«, unterbricht mich Jonathan, »ist es Zeit, zum Flughafen zu fahren und den Leihwagen abzugeben. Unsere Maschine startet um 19 Uhr.«

»Ein Tag für San Francisco – das ist viel zu kurz«, seufze ich.

»Deshalb beginnen wir ihn jetzt«, sagt Jonathan und angelt seinen Pullover vom Rücksitz. »Vergiß deine Sonnenbrille nicht und drück den Knopf an der Tür runter, damit nicht jeder rein kann. Ich wundere mich heute noch, daß sie uns in Memphis nichts geklaut haben, wo der Wagen den halben Tag unversperrt herumstand.«

»Mir hat noch nie jemand was geklaut, und ich lasse mein Auto immer offen.«

»Ich weiß«, entgegnet Jonathan und läßt sich wieder in den Sitz zurückfallen. »Genau wie unsere Haustür. Die läßt du auch immer offen. Und wenn du sie zumachst, steckt der Schlüssel außen.«

»Richtig«, bestätige ich. »Das ist sehr praktisch, weil man nicht immer aufspringen muß, wenn es klingelt. Und bei uns klingelt es dauernd, vor allem für Michi und Christian.«

»Bitte, laß uns jetzt nicht über dein Verhältnis zu Schlüsseln und Türen reden«, sagt Jonathan. »Ich darf gar nicht daran denken, wo überall in der Welt Haus- und Autoschlüssel von uns herumliegen.«

»Du übertreibst. Ich erinnere mich nur an einen in dem

Hotel in Bombay, ach ja, und einer liegt in der Eisack bei Brixen, den hab ich noch blitzen sehen, als er mir reinfiel. Aber die anderen liegen alle im südlichen München. Die meisten zwischen Supermarkt, Sparkasse und Post. Ich verstehe ja auch nicht, warum ich immer Schlüssel verliere«, sage ich traurig. »Irgendwie scheine ich sie magnetisch abzustoßen. Aber schließlich steht ja unsere Adresse nicht drauf, und neulich hab ich gleich sechs auf einmal nachmachen lassen. Jetzt kann eine Weile überhaupt nichts mehr passieren.«
»Den unterm Geranientopf hab ich reingenommen, bevor wir nach Amerika flogen«, erklärt Jonathan ruhig.
»Ich weiß«, erwidere ich. »Ich hab dafür einen unter den Abstreifer gelegt und einen in die Mauernische beim Kellerfenster. Es kann doch sein, daß meine Mutter ihren vergißt oder Frau Weiß, wenn sie saubermachen will, oder die Söhne, die vor uns aus den Ferien heimkommen.«
An der Art, wie Jonathan schnauft und die Nasenflügel bläht, merke ich, daß es nicht günstig ist, mit ihm weiter über Schlüssel zu reden. »Komm«, sage ich schnell. »San Francisco wartet.«
Ich klettere aus dem Auto in die angenehme Sonntagmorgenkühle, drücke den Knopf runter und schlage die Tür zu. Jonathan klettert auf der anderen Seite aus dem Auto, drückt den Knopf runter und schlägt die Tür zu. Wir laufen ein paar Meter, da fällt mir ein, ich habe meine Sonnenbrille im Auto vergessen.
»Gibst du mir schnell den Autoschlüssel?« sage ich. »Augenblick«, seufzt Jonathan und greift in seine rechte Hosentasche, dann in die linke. Mehr gibt es nicht zu greifen.
»Das kann nicht sein«, sagt Jonathan ungläubig. »Der Autoschlüssel ist weg.«
Wir stürzen zum Wagen zurück, Jonathan bückt sich unter

die Kühlerhaube, ich unter den Kofferraum. Wir kriechen von beiden Seiten um die Räder herum. Plötzlich richtet sich Jonathan auf und ruft: »Ich hab ihn.«
»Gott sei Dank«, stöhne ich.
»Er steckt im Wagen«, sagt Jonathan.
In der nächsten Sekunde löst sich San Francisco in einer Brise kühler Sonntagmorgenluft auf. Die Trambahn, Fisherman's Wharf, die Golden Gate Bridge, die kleine Bar in Sausalito, die Red Woods, es gibt sie nicht mehr, jedenfalls nicht für uns.
Jonathan kommt als erster zu sich. Er rüttelt an der linken Tür, an der rechten Tür, am Deckel des Kofferraums. Vergeblich. Dann ruft er: »Ein Telefon, ich brauche ein Telefon. Kannst du dich erinnern, wie unsere Leihwagenfirma heißt? Es war eine ziemlich unbekannte?«
Ich kann mich nicht erinnern. Der Name steht auf den Wagenpapieren. Die Wagenpapiere liegen im Auto.
Jonathan hetzt zur Telefonzelle an der Ecke, hetzt zurück, sagt, der Operator tue sein Möglichstes, hetzt wieder zur Telefonzelle, hetzt zurück, fragt: »In welcher Straße stehen wir eigentlich?«, hetzt zur Telefonzelle, hetzt zurück und teilt mir mit, die Firma müsse ihre Niederlassung in New York verständigen. Dort sei es Samstagnacht, hier ist Sonntagfrüh.
»Wer ist da im Büro? Niemand natürlich. Ich soll in zehn Minuten noch mal anrufen. Das Ganze wird vermutlich Stunden dauern«, meint Jonathan geknickt.
Ich setze mich aufs Heck unseres Autos, starre auf die grauen Überreste unseres Tages in San Francisco, die irgendwo zu meinen Füßen herumliegen müssen, und ich sage auf keinen Fall: »Hauptsache, der Wagen ist abgesperrt, daß keiner rein kann.« Nein, ich sage es nicht. Auch nicht ganz leise.

Jonathan trottet zur Telefonzelle zurück.
Eine alte Dame mit rosa geschminkten Wangen und einem Hütchen mit Schleier kommt auf unserer Straßenseite den Hügel herab. Sie sieht ein bißchen aus wie die jüngere Schwester aus dem Film »Arsen und Spitzenhäubchen«. Eine große, schwarze Handtasche baumelt an ihrem Arm.
»Guten Morgen, hübscher Tag heute«, sagt sie und bleibt vor mir stehen.
»Morning«, grüße ich einsilbig zurück.
»Something wrong, dear? – Ist etwas nicht in Ordnung, meine Liebe?«
Ich erkläre ihr, was alles nicht in Ordnung ist.
»Sie meinen, der Wagenschlüssel steckt dort drin, und Sie können nicht rein?« sagt die alte Dame und deutet durchs Fenster.
Ich nicke.
»Aber das ist doch kein Problem«, erklärt sie freundlich. »Sie brauchen nur einen Hänger.«
»Einen was?«
»Einen Hänger.«
Jonathan kommt auf uns zu. Ich rufe ihm entgegen: »Die Lady kann uns vielleicht helfen. Sie sagt, wir brauchen einen Hänger.«
»Einen was?« fragt Jonathan.
»Einen Hänger«, erkläre ich ihm. »Ich weiß auch nicht, was das ist. Vielleicht ein Abschleppgerät oder ein Spezialwerkzeug aus einer Autowerkstatt.«
»Gibt es hier in der Gegend eine Werkstatt, wo wir einen Hänger kriegen können?« wendet sich Jonathan hoffnungsvoll an die alte Dame.
»Oh, nein«, erwidert sie. »Autowerkstätten gibt es in diesem hübschen Wohnviertel nicht. Und wenn es sie gäbe, hätten sie geschlossen, weil heute Sonntag ist. Und selbst

wenn sie offen wären, gäbe es dort sicher keinen Hänger.«

»Aha.«

»Aber wir schaffen das schon«, versichert sie heiter. »Kommen Sie einfach mit. Irgendwo werden wir einen Hänger finden.«

»Du willst doch nicht mit dieser alten Lady durch San Francisco wandern und nach einem Hänger fahnden, was immer das ist«, sagt Jonathan auf deutsch.

»Warum nicht?« erwidere ich. »Besser als hier herumstehen und nichts tun ist es in jedem Fall.«

»I am Mildred Miller«, erklärt die alte Dame, als wir uns anschicken, ihr zu folgen. »Aber die meisten Leute nennen mich Millie. Sie können ruhig Millie zu mir sagen.«

»Sehr erfreut, Millie«, verbeugt sich Jonathan leicht und nennt unsere Namen.

»Nett, Sie getroffen zu haben, Jonathan«, versichert ihm Millie und schreitet uns energisch voran.

Wir kommen an einem Milchladen vorbei. »Natürlich kein Mensch da«, stellt Millie stirnrunzelnd fest. »In meiner Jugend hatten Milchläden am Sonntagvormittag immer offen. Aber sie hätten wohl sowieso keinen Hänger gehabt. – Warten Sie mal, in der Leihbücherei da drüben steht jemand am Fenster«, ruft sie dann und überquert festen Schrittes die stille Villenstraße.

»Millie ist ja reizend«, knurrt Jonathan, »aber es ist offensichtlich, daß sie nicht ganz richtig im Kopf ist. Ich kehre jetzt um, versuche ein Taxi zu kriegen und fahre damit zu einer Autowerkstatt, oder ich rufe nochmals die Leihwagenfirma an, daß sie New York anrufen. Oder ich wende mich an eine Polizeiwache oder – also irgend etwas muß ich einfach tun.«

»So ein Pech. Kein Hänger in der Bücherei«, teilt uns Mil-

lie mit. »Hätte ich mir eigentlich denken können. Ich glaube, wir klingeln jetzt einfach mal am nächsten Haus.«
»Bei Fremden?«
»Aber ja, warum nicht«, erwidert Millie erstaunt. »Wenn man dringend einen Hänger braucht, kann man überall klingeln.«
»Du hast recht«, flüstere ich Jonathan zu. »Sie ist ein bißchen verrückt. Wir müssen versuchen, sie abzuschütteln.«
»Mein Gott, jetzt geht sie in die Kirche«, sagt Jonathan. Unter dem Portal steht ein Geistlicher und sperrt gerade seine Kirchentür ab. »Hallo Pastor«, ruft unsere Begleiterin. »Warten Sie doch einen Augenblick. Diese beiden netten Leute hier aus Germany haben sich aus ihrem Wagen ausgeschlossen. Können Sie uns mit einem Hänger aushelfen?«
»Oh, das tut mir leid, Mrs. Miller«, erwidert der Pastor. »Das tut mir wirklich sehr leid. Ich wollte, ich hätte einen. Zu dumm. Meine Frau hat gestern einen nach Hause gebracht, in einer großen praktischen Plastiktüte. Aber hier in der Sakristei befindet sich kein Hänger. Das müßte ich wissen. Es hätte natürlich sein können. Schade. Ich wünsche Ihnen noch einen schönen Tag. Gott segne Sie.«
»Millie, meine Liebe«, sagt Jonathan, als der Pastor winkend in die nächste Seitenstraße eingebogen war. »Millie, wir müssen jetzt wirklich zu unserem Auto zurück. Vielleicht kommt ja in der nächsten Stunde jemand von der Firma mit einem Reserveschlüssel.«
»So ein Unsinn. Wer wird denn stundenlang auf einen Reserveschlüssel warten?« schneidet ihm Millie das Wort ab. »Seht mal, das Haus da drüben, gleich hinter der Verkehrsampel. Das ist es, was wir suchen. Dort bekommen wir unseren Hänger.«

Sie deutet auf ein prachtvolles Gebäude im Kolonialstil mit dunkelgrünen Fenstersprossen und Regenrinnen. Über dem halbrunden Türbogen steht in goldenen Buchstaben »Funerals«.
»Weißt du, was das heißt?« fragt mich Jonathan mit düsterer Miene.
»Klar. Das heißt Beerdigungsinstitut«, antworte ich.
»Willst du dieses groteske Spiel weiter mitmachen?« erkundigt sich Jonathan.
»Ach, weißt du, ich finde es inzwischen ganz lustig, mit einer so reizenden alten Lady durch San Francisco zu laufen und nach einem Hänger zu fragen. Man lernt so nette Einheimische kennen. Denk nur an den Pastor. Schade, daß ich mit der Dame von der Leihbücherei nicht ins Gespräch kam. Nachdem die Sache mit dem Schlüssel nun einmal passiert ist, können wir ebensogut mit Millie herumlaufen wie vor unserem Leihwagen herumstehen.«
»Das mußte ja kommen«, zischt Jonathan.
»So ist es«, zische ich zurück.
Die Ampel schaltet auf Grün, wir überqueren die Kreuzung. Unsere Begleiterin schreitet ohne Zögern die Stufen zum Eingang des Beerdigungsinstituts hinauf und drückt auf den Klingelknopf.
Langes Schweigen. Dann Schritte hinter der Tür. Eine junge Frau, ganz in Schwarz, öffnet und sagt: »Guten Morgen. Wir hoffen, Ihnen in Ihrem Schmerz beistehen zu können. Wo befindet sich der liebe Verblichene?«
»Nein, nein, niemand ist tot«, ruft Millie fröhlich. »Wir wollten nur fragen, ob Sie einen Hänger für uns haben.«
»Ich halte das keine Sekunde mehr aus«, flüstert mir Jonathan ins Ohr. »Das ist ja wie bei Hitchcock.«
Ich fasse nach seiner Hand. Ich fühle mich inzwischen auch nicht mehr besonders gut.

»Einen Hänger? Natürlich haben wir einen Hänger. Sie können ihn gerne mitnehmen«, sagt die blasse, schwarzgekleidete Dame vom Beerdigungsinstitut, dreht sich um, greift an die Wand und reicht der alten Lady, die wir Millie nennen, einen zierlichen Gegenstand aus Draht, den ich sofort erkenne. Es ist einer jener Kleiderbügel, wie man sie bekommt, wenn man Jacken und Mäntel aus der Reinigung holt.

»Mir dämmert was«, ruft Jonathan aufgeregt.

»Mir nicht«, sage ich enttäuscht.

»Sie können den Hänger behalten«, ruft uns die junge Frau in Schwarz nach.

Der Rest geht ganz schnell. Am Wagen angekommen, sagt Millie: »Halten Sie mal«, und hängt mir ihre Handtasche über den Arm. Dann biegt sie mit geübtem Griff den Kleiderbügel auseinander, formt das eine Ende zu einer Schlaufe und schiebt es routiniert durch die Gummiabdeckung des Seitenfensters. »Können Sie sich bitte mal umschauen, ob ein Polizist unterwegs ist«, wendet sie sich an mich, und zu Jonathan sagt sie augenzwinkernd: »Augenblick, der Knopf sitzt etwas niedrig.« Dann zieht sie den Hänger mit einem erstaunlich kräftigen Ruck nach oben, die Autotür läßt sich mühelos öffnen.

Eine heiße Welle der Dankbarkeit überflutet mich. In Sekundenschnelle entsteht San Francisco vor mir in der späten Vormittagssonne: die altmodische, ruckelnde Straßenbahn, Fishermen's Wharf, die kleine Bar in Sausalito, die Red Woods und die hügeligen Straßen, an deren höchstem Punkt unser Auto sanft in die Knie gehen wird, bevor es dem blauen Meer entgegenrollt.

»Wir danken Ihnen, wir danken Ihnen so sehr. Sie haben unseren letzten Tag in Amerika gerettet. We can't tell you how happy we are. What a wonderful idea. Einfach toll und so einleuchtend. Wie sind Sie nur darauf gekommen. – How did you get this idea???«

Millie errötet unter ihren rot geschminkten Apfelbäckchen. »Ach, wissen Sie, mir passiert es mindestens jede Woche einmal, daß ich den Autoschlüssel stecken lasse. Ich bin ja 82, und mein Mann sagt immer: Millie, mit 82 solltest du aufhören, Auto zu fahren. Außerdem hast du kein Glück mit Schlüsseln. Mit Schlüsseln muß man Glück haben, sonst läßt man am besten die Finger davon. Aber wer kann das schon, nicht wahr, die Finger von Schlüsseln lassen? Schlüssel braucht man von morgens bis abends. Anyway, seit ich kapiert habe, was man mit einem Hänger alles machen kann, habe ich keine Probleme mehr mit Schlüsseln. Einfach rein und zack, und die Tür ist offen.« Der Schleier an Millies Hütchen wippt heftig auf und ab.

»Das glaubt uns niemand, wenn wir das zu Hause erzählen«, sage ich zu Jonathan und kurble das Fenster hoch, durch das ich Millie gewinkt habe, bis nur noch der schwarze Punkt ihrer Handtasche oben am Hügel zu erkennen war.

»Weißt du was«, erwidert Jonathan fröhlich. »Wir erzählen das Ganze ein bißchen anders. Wir sagen einfach, du hast den Schlüssel stecken lassen. Das klingt viel wahrscheinlicher. Das nimmt uns jeder ab.«

GOETHES FÜNFZIGER VERLOR EINEN ZAHN

Gerhard Prause

Der fünfzigjährige Goethe hatte (1799) noch eine lange, erfolgreiche Zeit vor sich, nämlich fast dreiunddreißig Jahre, in denen er nicht nur höchst schöpferisch war, sondern sich immer wieder regenerierte und zu leben verstand, sich auch noch mehrmals verliebte. Aber als Fünfziger war Johann Wolfgang von Goethe, geboren am 28. August 1749 in Frankfurt am Main, nicht sonderlich optimistisch. Eher kann man sagen, daß der seit vierundzwanzig Jahren in Weimar lebende Dichter, Legationsrat und Mitglied des Geheimen Consiliums am Hofe Herzog Karl Augusts, dort zunächst verantwortlich für die Weimarer Kriegskommission, die Direktion des Wegebaues und dann auch für die oberste Finanzbehörde, aber nun schon seit zehn Jahren, nach seiner Rückkehr von seiner langen Italienreise, bei bleibendem Gehalt von nahezu allen Amtspflichten entlastet, als Fünfziger so eine Art »Midlife-crisis« durchmachte: Jedenfalls scheint es, daß dem berühmten Dichter, der sein Leben lang von Krankheit, Alter, Tod nichts hören und nichts sehen mochte, der Sprung aus dem fünften ins sechste Lebensjahrzehnt ziemlich zu schaffen gemacht hat. Es war wohl kein Zufall, daß der fünfzigste Geburtstag in seinem Tagebuch unerwähnt blieb (übrigens ebenso der sechzigste und der siebzigste). Vergessen hat er ihn gewiß nicht, aber dieser Tag war mit dem Gedanken ans Älterwerden verknüpft, und diesen Gedanken hat Goethe nicht eben leicht ertragen. Doch schrieb er wenige

Tage nach seinem fünfzigsten Geburtstag an Schiller, daß seine »Zustände ein wenig zu stagnieren anfangen«. Was Goethe damit meinte, zeigt seine Novelle »Der Mann von fünfzig Jahren«, die in dieser Zeit entstand, dann aber lange liegenblieb, bis Goethe sie später in »Wilhelm Meisters Wanderjahre« einfügte.

Der von Goethe dargestellte Mann von fünfzig Jahren ist ein Major, dessen junge schöne Nichte mit seinem Sohn die Ehe eingehen soll. Dieser lang gehegte Plan scheint zu scheitern, weil der Sohn sich für eine andere, ältere Frau interessiert, während der Major sich in seine Nichte verliebt, die ihrerseits für den Major schwärmt, ja, ihn zu lieben meint. Die Mutter der Nichte (und Schwester des Majors) sieht das Problem so: »Es ist so unnatürlich nicht ... Aus meiner Jugend erinnere ich mich selbst einer Leidenschaft für einen älteren Mann, als du bist. Du hast fünfzig Jahre; das ist immer noch nicht gar zu viel für einen Deutschen, wenn vielleicht andere lebhaftere Nationen früher altern.« Der Major, der anfangs dem Gefühl gegenüber seiner Nichte und zukünftigen Schwiegertochter nicht nachgeben will, kommt daraufhin unter den in voller Frühlingspracht stehenden Gartenbäumen zu einer positiven Auffassung: »Er«, schreibt Goethe, »der so viele alte Bäume sich wieder belauben sah, konnte auch an die Wiederkehr seines eigenen Frühlings glauben.« Doch etwas machte ihn nachdenklich, er fand sich, »als er vor den Spiegel trat, nicht so, wie er zu sein wünschte. Einige graue Haare konnte er nicht leugnen, und von Runzeln schien sich auch etwas eingefunden zu haben.«

Da nun läßt Goethe zur rechten Zeit einen alten Freund des Majors zu Besuch kommen, einen Schauspieler, um zehn Jahre älter als der Major. Die beiden haben sich lange Zeit nicht gesehen, und der Major ist erstaunt, daß der beträchtlich ältere Freund so viel besser als er selbst aussieht. »Ich bin«, läßt der fünfzigjährige Goethe seinen Fünfziger sagen, »voll Verwunderung, dein Aussehen frischer und jünger zu finden als das meine; da ich doch weiß, daß du schon ein gemachter Mann warst, als ich, mit der Kühnheit eines wagehalsigen Gelbschnabels, dir in gewissen Verlegenheiten beistand.«

Die Antwort, die Goethe den »bejahrten Jüngling« geben läßt, lautet so: »Es ist deine Schuld, es ist die Schuld aller deinesgleichen; und ob ihr schon darum nicht zu schelten seid, so seid ihr doch zu tadeln. Man denkt immer nur ans Notwendige; man will sein und nicht scheinen. Das ist recht gut, so lange man etwas ist. Wenn aber zuletzt das Sein mit dem Scheinen sich zu empfehlen anfängt und der Schein noch flüchtiger als das Sein ist, so merkt denn doch ein jeder, daß er nicht übel getan hätte, das Äußere über dem Innern nicht ganz zu vernachlässigen.«

Der Mann von fünfzig Jahren gibt seinem Freund recht, der ihm jetzt noch ganz detaillierte Vorwürfe macht und dabei sein eigenes Aussehen deutlich herausstreicht: »Es ist zum Beispiel unverantwortlich«, läßt Goethe ihn seinem Fünfziger sagen, »daß eure Schläfen schon grau sind, daß hie und da sich Runzeln zusammenziehen und daß euer Scheitel kahl zu werden droht. Seht mich alten Kerl einmal an! betrachtet wie ich mich erhalten habe! und das alles ohne Hexerei und mit weit weniger Mühe und Sorgfalt, als man täglich anwendet, um sich zu beschädigen oder wenigstens lange Weile zu machen.«

Und dann erfährt der Major das ganze Geheimnis: »Soviel kann ich dir sagen, und ich übertreibe nicht: ein Toilettenkästchen führe ich bei mir, über allen Preis! ein Kästchen, dessen Wirkungen ich wohl an dir erproben möchte, wenn wir nur vierzehn Tage zusammen blieben.«

Scheinbar zögernd geht der Major auf diesen Vorschlag ein: »Er für seine Person würde gern mehr Sorgfalt auf das Äußere verwenden, wenn nur nicht gleich die Menschen einen jeden, dem sie ein solches Bestreben anmerken, für eitel erklärten und ihm dadurch sogleich wieder an der sittlichen Achtung entzögen, was sie sich genötigt fühlten an der sinnlichen ihm zuzugestehen!« Doch der Freund widerlegt ihn:

»Wenn du es recht genau betrachtest: Was ist denn das, was man oft als Eitelkeit verrufen möchte? Jeder Mensch soll Freude an sich selbst haben, und glücklich, wer sie hat. Hat er sie aber, wie kann er sich verwehren, dieses angenehme Gefühl merken zu lassen? Wie soll er mitten im Dasein verbergen, daß er eine Freude am Dasein habe? ... Wollte Gott! alle Menschen wären eitel, wären es aber mit Bewußtsein, mit Maß und im rechten Sinne: So würden wir in der gebildeten Welt die glücklichsten Menschen sein. Die Weiber, sagt man, sind eitel von Hause aus; doch es kleidet sie und sie gefallen uns um desto mehr. Wie kann ein junger Mensch sich bilden, der nicht eitel ist? Eine leere hohle Natur wird sich wenigstens einen äußern Schein zu geben wissen, und der tüchtige Mensch wird sich bald von außen nach innen bilden.«

Der Mann von fünfzig Jahren nimmt den Vorschlag an. Durch den Diener des Schauspielers läßt er sich mit allerlei Cremes und Wässerchen, mit entspannenden Bädern und Packungen jeden Abend umständlich für die Nacht und an jedem Vormittag ebenso umständlich für den Tag präparieren. Zu seiner Überraschung gefällt dies dem Major recht gut, zumal er schon bald das Gefühl hat, seiner Nichte auf verjüngte Weise begegnen zu können. Doch ärgert ihn andererseits der große Zeitaufwand dieser Prozeduren und der auf ihn ausgeübte Zwang. Als der Die-

ner ihn eines Tages verlassen muß, um sich wieder allein dem inzwischen weitergereisten Schauspieler widmen zu können, ist der Major froh, »wieder ich selbst gegeben zu sein«.
Zu einer Heirat der Nichte ist es dann nicht mehr gekommen, nicht nur deswegen nicht, weil der »wohlkonservierte Schauspieler« dem Fünfzigjährigen zu bedenken gab, »daß es für einen Mann in gewissen Jahren das sicherste kosmetische Mittel sei, sich des schönen Geschlechts zu enthalten«, sondern vielmehr aus einem anderen, von Goethe aufgeführten Grund: »Dem Major war ein Vorderzahn ausgefallen, und er fürchtete, den zweiten zu verlieren. An eine künstlich scheinbare Wiederherstellung war bei seiner Gesinnung nicht zu denken, und mit diesem Mangel um eine junge Geliebte zu werben, fing an ihm ganz erniedrigend zu scheinen ...«
Und Goethe, der vielleicht selber diese Erfahrung gemacht hatte, fügte erklärend hinzu: »Früher oder später hätte vielleicht ein solches Ereignis wenig gewirkt, gerade in diesem Augenblicke aber trat ein solches Moment ein, der einem jeden an eine gesunde Vollständigkeit gewöhnten Menschen höchst widerwillig begegnen muß. Es ist ihm, als wenn der Schlußstein seines organischen Wesens entfremdet wäre und das übrige Gewölbe nun auch nach und nach zusammenzustürzen drohte.«
Daß Goethe gerade zu dieser Zeit so ausführlich die Frage behandelte, ob und wieweit ein Mann von fünfzig Jahren bemüht sein sollte, sein Äußeres mit Hilfe von Schönheitsmitteln zu konservieren oder es gar zu verjüngen, war gewiß kein Zufall. Wahrscheinlich war es sein eigenes Aussehen, das ihn dazu veranlaßte. Wenig später wurde Goethe von Karl von Stein, einem Sohn Charlottes von Stein, so beschrieben:

»Sein Gang ist überaus langsam, sein Bauch nach unten zu hervorstehend wie der einer hochschwangeren Frau, sein Kinn ganz an den Hals herangezogen, von einer Wassersuppe dichte umgeben; seine Backen dick, sein Mund in Halber-Monds-Form; seine Augen allein noch gen Himmel gerichtet; sein Hut aber noch mehr, und sein ganzer Ausdruck eine Art von selbstzufriedener Gleichgültigkeit, ohne eigentlich froh auszusehen. Er dauert mich, der schöne Mann, der so edel in dem Ausdruck seines Körpers war!«
Es war kein Wunder, daß Goethe, der keinerlei Sport trieb, als Fünfziger auch schon nicht mehr ritt, sondern stets im Wagen fuhr, so stark in die Breite ging: Er aß und trank einfach zuviel. Oder wie der Dichter Jean Paul nach einem Besuch bei dem Siebenundvierzigjährigen drastisch schrieb: »Auch frisset er entsetzlich!« Und hinzufügte: »Schon am zweiten Tage warf ich hier mein dummes Vorurtheil für große Autores ab als wärens andere Leute.«
Der damals dreiunddreißig Jahre alte Jean Paul war nicht der einzige, der sich über die Mengen von Gänsebraten und Forellen, die der Geheime Rat schon zum Zehn-Uhr-Frühstück zu sich nahm, wunderte. Die allwöchentlichen Picknicks bei Goethe, zu denen die Damen das Essen, die Herren Wein und Champagner beisteuerten (während die Gefährtin Christiane, die Mutter seines jetzt zehnjährigen Sohnes August, aus Rücksicht auf die Gesellschaft nicht teilnehmen durfte), waren wegen ihrer Üppigkeit berühmt. Über die abendlichen Diners mit reichlichem Nachtisch an »vom Konditor schön geformten Kuchen« und die kalten Büfetts – »mit Kunst arrangierte Speisen, Krebse, Zunge usw.« – wußte Charlotte von Stein zu berichten.
Zu der Zeit trank Goethe täglich drei Flaschen Wein. Er, der Kaffee und Tee strikt ablehnte, weil er sie für Gift hielt, und der weder rauchte noch schnupfte, weil er im Tabak-

genuß der von ihm so verachteten »Schmauchlümmel« bereits das Ende deutscher Kultur voraussah, schien im Wein keine Gefahr sehen zu wollen. Auch nicht für Christiane, die im Weintrinken seine gelehrige Schülerin wurde und sich von ihm nichts so rasch aneignete wie sein Weinverständnis. Er hatte auch durchaus nichts dagegen, daß schon sein kleiner Sohn August regelmäßig Wein trank. Erst als August zum Trinker zu werden drohte, predigte der Vater Mäßigkeit und hielt auch sich selber im Trinken zurück.

Als Goethe fünfzig wurde, war Christiane vierunddreißig. Auch sie aß gern und war rund und drall, sah aber dabei aus wie das blühende Leben. Ihre Leidenschaft war von jeher und noch für die nächsten zehn Jahre das Tanzen. Kein öffentliches Tanzvergnügen in Weimar und Umgebung ließ sie aus. Auf den Tanzveranstaltungen traf sie sich mit Freunden, wobei sie August häufig mitnahm. Goethe ließ ihr dies Vergnügen, obgleich in Weimar viel darüber gespottet wurde. Aber ob nicht auch Christianes zu der Zeit noch unbändige Lebenskraft und Lebensfreude den Fünfziger in dem Gefühl bestärkten, ein alter Mann zu sein? Immer häufiger zog er sich von Weimar, aus seinem unruhigen Haus, nach Jena zurück, wo er in seiner Arbeitsstube im Jenaer Schloß seine Ruhe hatte. Er stellte seine im Jahrzehnt zuvor entstandenen kleineren Gedichte zusammen, machte Übersetzungen, diktierte Briefe, arbeitete an seiner Farbenlehre weiter. »Er hält seine dichterische Laufbahn für beschlossen«, meinte Jean Paul.

Und dann, Ende 1800, als er Christiane und August sogar Weihnachten, das noch dazu der Geburtstag seines Sohnes war, in Weimar allein gelassen hatte, während er in seinem Jenaer Refugium geblieben war, wurde er krank.

Und zwar so schwer, daß manche ihn schon verloren gaben. Charlotte von Stein berichtete ihrem Sohn Fritz: »Es ist ein Krampfhusten und zugleich die Blatterrose, er kann in kein Bett und muß in einer immer stehenden Stellung erhalten werden; sonst will er ersticken ...«
Vierzehn Tage später meldete sie, daß es Goethe besser gehe. Aber sie fügte hinzu: »Nur ist er sehr traurig und soll drei Stunden geweint haben. Besonders weint er, wenn er den August sieht. Der hat inzwischen seine Zuflucht zu mir genommen. Der arme Junge dauert mich, er war entsetzlich betrübt. Aber er ist schon gewohnt, seine Leiden zu vertrinken. Neulich hat er in einem Klub von der Klasse einer Mutter siebzehn Gläser Champagner getrunken, und ich hatte alle Mühe, ihn bei mir vom Wein abzuhalten.«
Goethe erholte sich nach seiner Rückkehr nur langsam von der – so schrieb er in einem Brief – »nahfernen Grenze des Totenreichs« und seinem »Wiedereintritt in das Leben«. »Von dem, was ich gelitten habe, weiß ich wenig zu sagen. Nicht ganz ohne vorhergehende Warnung überfiel mich, kurz nach dem neuen Jahr, die Krankheit und bekämpfte meine Natur unter so vielerlei seltsamen Formen, daß meine Genesung, selbst den erfahrensten Ärzten, auf einige Zeit, zweifelhaft werden mußte. Neun Tage und neun Nächte dauerte dieser Zustand, aus dem ich mich wenig erinnere.«
Erst nach dieser lebensbedrohlichen Krankheit ließ er seinen »natürlichen Sohn« legitimieren, indem er den Landesherrn in aller Form darum bat, August Vulpius den Namen Goethe tragen zu lassen. (Zur Trauung mit Christiane entschloß sich Goethe erst fünf Jahre später.) Und dann nahm er August für fast zwölf Wochen zu einem Kuraufenthalt nach Pyrmont mit und schrieb an Christiane: »August ist sehr glücklich. Das lange Schlafen, Spazie-

rengehen, ein wenig Wasser-Trinken, Kirschen- und Erdbeeren-Essen, Baden usw. bekommt ihm fürtrefflich ... Übrigens denken wir oft an Dich und August trinkt täglich auf Deine Gesundheit.«

Es waren für Vater und Sohn angenehme Ferien. Viel bringe er zwar nicht zustande, schrieb Goethe aus Pyrmont an Schiller, aber: »Schon jetzt fühl' ich, wie sich mein Geist bei Betrachtung dieser Zustände aufheitert. Mein Reisegefährte August ... ist auch schuld an meinem mindern Fleiß, indem er mich zerstreut und manche Betrachtung ableitet. Dabei ist er sehr glücklich ...«

Der stets fleißige Schiller, der niemals ausspannte und der schon seit Jahren vergeblich versuchte, Goethe zur Fortsetzung des »Faust« zu bringen, sah diese Entwicklung seines Freundes nicht ohne Besorgnis. Zwei Jahre später schrieb er enttäuscht an Wilhelm von Humboldt: »Es ist zu beklagen, daß Goethe sein Hinschlendern so überhand nehmen läßt und, weil er abwechselnd alles treibt, sich auf nichts energisch konzentriert ... Wenn Goethe noch einen Glauben an die Möglichkeiten von etwas Gutem und eine Konsequenz in seinem Tun hätte, so könnte hier in Weimar noch Manches realisiert werden, in der Kunst überhaupt und im Dramatischen. Es entstünde doch Etwas, und die unselige Stockung würde sich geben. Allein kann ich nichts machen. Oft treibt es mich, mich in der Welt nach einem andern Wohnort und Wirkungskreis umzusehen. Wenn es nur irgendwo leidlich wäre, ich ginge fort ...«

Goethe hat fast sein ganzes sechstes Jahrzehnt mit Ordnung und Aufarbeiten verbracht. Dann aber, nachdem der rastlose Schiller inzwischen längst gestorben war, zeigte sich, daß dies nur eine große schöpferische Pause war, ein Atemholen, ein langes Vorbereiten zu neuem Schaffen.

WANN WURDE ICH DIE MUTTER UND MEINE MUTTER DAS KIND?

Erma Bombeck

Ein Atomphysiker hat es einmal ausgerechnet: Wenn eine Zwanzigjährige ein Baby bekommt, ist sie zwanzigmal so alt wie das Baby. Wenn das Baby zwanzig Jahre alt und die Mutter vierzig ist, ist sie nur doppelt so alt wie ihr Kind. Wenn das Baby sechzig ist und die Mutter achtzig, ist sie nur noch 11/3 mal so alt wie ihr Sprößling. Wann wird das Baby die Mutter eingeholt haben? Ja, wann?

Beginnt es in der Nacht, in der deine Mutter sich schlaflos im Bett wälzt und du in ihr Zimmer gehst und ihr die Bettdecke über die bloßen Arme hinaufziehst? Oder an dem Nachmittag, an dem du nervös und reizbar bist und in scharfem Ton sagst: »Wie soll ich dir denn eine Heimdauerwelle machen, wenn du nicht stillhältst? Vielleicht ist es dir egal, wie du aussiehst – mir nicht!«

(Bei Gott, hast du da nicht eben ein Echo gehört?)

Oder war es an dem Regentag, an dem du vom Supermarkt heimfuhrst und scharf bremsen mußtest und dabei unwillkürlich den Arm schützend zwischen die Mutter und die Windschutzscheibe strecktest? Haben deine und ihre Blicke sich wehmütig und wissend gekreuzt?

Die Wandlung vollzieht sich langsam, wie zwischen jeder Mutter und ihrer Tochter. Die Macht wechselt. Die Verantwortung wird übertragen. Die Pflichten werden abgetreten. Man überrascht sich plötzlich dabei, daß man die auf dem Schoß der Mutter erlernten Sätzchen und Sprüche von sich gibt.

»Natürlich fehlt dir was! Meinst du, ich merke nicht, wann dir schlecht ist? Ich komm' dich um elf Uhr abholen und fahr' dich zum Arzt. Sei bitte dann fertig.«
»Und wo ist wieder deine Strickjacke? Du weißt doch, wie kalt es in den Geschäften mit Klimaanlage ist. Eine Erkältung wäre jetzt genau das Richtige für dich!«
»Du siehst aber nett aus heute. Hab' ich dir nicht gesagt, daß es dir prima stehen wird? Das andere Kleid macht dich alt. Wozu denn älter aussehen, als man ist?«
»Mußt du noch mal ins Bad, ehe wir gehen? Du weißt ja, was das beim Doktor immer für ein Aufstand ist, man muß den Schlüssel verlangen und kilometerlange Korridore entlanglaufen. Geh' doch einfach bloß so zur Sicherheit, damit du's hinter dir hast.«
»Wenn du nicht zu müde bist, gehen wir nachher einkaufen. Hast du heute vormittag ausschlafen können? Sag mir's gleich, wenn du müde wirst, dann fahr' ich dich heim.«
Plötzlich Auflehnung: »Danke schön, mein Fräulein, aber ich treffe meine Entscheidungen schon noch selbst. Ich weiß, wann ich müde bin, und dann bin ich vernünftig genug, ins Bett zu gehen. Hör auf, mich als kleines Kind zu behandeln.«
Sie ist noch nicht bereit, den Platz zu räumen.
Aber langsam, heimtückisch und unaufhaltsam entrinnt die Zeit, und plötzlich ist niemand mehr da, an den sich Mutter halten kann.
»Wo ist wieder meine Brille? Nie kann ich sie finden. Bin ich im Kino wieder mal eingeschlafen? Worum ging's denn bei dem Film?«
»Wähl doch bitte mal diese Nummer für mich. Du weißt ja, ich krieg' immer die verkehrte.«
»Dieses Jahr stelle ich mir keinen Christbaum auf. Es sieht

ihn ja doch keiner, und er verdreckt nur für die nächsten Monate den Teppich.«

»Schau mal meine neue Knüpfarbeit. Ich mach' sie dir, wenn du willst, in Blau für die Küche.« (Dabei fällt einem der Gipsabdruck des Händchens ein, der gerahmt über dem Sofa hängt).

»Wo ist schon wieder meine Flugnummer und die Abflugzeiten meiner Maschine? Du tippst sie immer und steckst sie in das Mäppchen mit dem Flugticket, aber ich kann so kleine Zahlen nicht mehr lesen.«

Und wieder Auflehnung: »Wirklich, Mutter, so alt bist du noch nicht. Du kannst deine Angelegenheiten noch selbst erledigen. Du siehst doch bestimmt noch genug, um dir die Nadel einzufädeln.«

»Nein, so müde kannst du unmöglich sein, daß du nicht imstande wärst, eben mal Florence *guten Tag* zu sagen. Fünfzehnmal hat sie schon angerufen und nie hast du zurückgerufen! Warum gehst du nicht mal mit ihr essen? Es täte dir so gut, aus deinen vier Wänden herauszukommen.«

»Wieso hast du dein Konto überzogen? Ja, notierst du denn deine Schecks nicht, wenn du sie ausstellst?«

Noch ist die Tochter nicht bereit, die Last auf sich zu nehmen. Aber der neue Kurs liegt bereits fest.

Das erste Mal, daß Weihnachten in deinem Haus gefeiert wird und du die Gans brätst und die Mutter den Tisch deckt.

Das erste Mal, daß du dich unbewußt während eines Fernsehfilms oder im Kino zu ihr umdrehst und sagst: »Pschscht!«

Das erste Mal, daß du herbeistürzt und sie am Arm packst, wenn sie über eine gefrorene Pfütze geht. Während deine eigenen Kinder groß, stark und selbständig werden, wird deine Mutter immer kindischer.

»Nein, Mutter, ich hab' das Fernsehprogramm nicht vom Fernsehapparat weggenommen.«
»Hast du doch.«
»Nein.«
»Hast du doch.«
»Nein.«
»Doch.«
»Nein.«
»Gestern abend habe ich deinen Vater gesehen. Er hat gesagt, er käme heute erst später.«
»Du hast Vater nicht gesehen, er ist tot, Mami.«
»Warum sagst du solche Sachen? Du bist ein gräßliches Gör.«
(Wie lautete es einst: »Heut ist Mister Ripple zu mir gekommen und hat mich stundenlang geschaukelt!«
»Es gibt keinen Mister Ripple. Den hast du dir ausgedacht. Der existiert gar nicht.«
»Das ist nicht wahr. Warum sagst du solche Sachen? Bloß, weil du ihn nicht siehst? Das heißt noch lange nicht, daß er nicht da ist!«)
»Nie willst du mit mir zusammen Besuche machen. Du zerfranst dich viel zu sehr für die Kinder. Dabei haben sie dich gar nicht mehr nötig.«
(»Was, du willst schon wieder Bridge spielen gehen? Immer gehst du weg und nie hast du Zeit, mir Geschichten vorzulesen.«)
»Mutter, sprich um Himmels willen nicht davon, daß Fred ein Toupet trägt. Wir wissen es alle, bitte schweige darüber.«
(»Benimm dich, Kleines. Sprich nur, wenn du gefragt wirst.«)
Und die Tochter überlegt: »Muß das denn sein? In den vielen Jahren, in denen ich gebadet, gefüttert, beraten,

bestraft, herumkommandiert und geliebt worden bin und man jedem meiner Wünsche zuvorgekommen ist, habe ich so sehnsüchtig auf den Tag gewartet, an dem ich selber die Befehlsgewalt habe. Jetzt habe ich sie. Warum also bin ich so traurig?«

Du badest und trocknest den Körper, der dich einst beherbergt hat. Du fütterst den Mund, dessen Kuß einmal Heile-Heile-Segen für alle Wunden und Schrammen bedeutet hat. Du kämmst das Haar, dessen Locken man dir im Scherz ins Gesicht geschüttelt hat, um dich zum Lachen zu bringen. Du ziehst eine warme Decke über die Beine, die dich früher Hoppe-Hoppe-Reiter getragen haben.

Jetzt hält deine Mutter so oft ein Schläfchen, wie sie es dir früher vorschrieb. Du begleitest sie auf die Toilette und wartest dort, bis du sie wieder ins Bett bringen kannst. Zu Silvester hast du bereits einen Babysitter für sie engagiert. Nie hast dir vorstellen können, daß es einmal so werden würde.

Und wenn du eines Tages mit deiner Tochter in deren Wagen fährst und sie muß plötzlich scharf bremsen, streckt sie instinktiv schützend den Arm aus, damit du nicht gegen die Windschutzscheibe fällst.

Mein Gott. So bald schon?

VOLL IM LEBEN – GESCHICHTEN RUND UM DIE FREUDEN DES ALLTAGS

MANCHMAL HAB ICH DAS GEFÜHL, DER EIERSCHNEIDER MAG IHN LIEBER ALS MICH

Trude Egger

Ich muß etwas gegen meine Isolation tun. Ich komme mir vor wie eine Maus in ihrem Loch«, sagte ich, während ich Kaugummi aus dem Teppichboden kratzte.
»Du hast ein Haus mit fünf Zimmern, Bad, Küche, Hobbyraum und einer Terrasse, so groß wie das Sonnendeck der Britannia«, erwiderte mein Mann gekränkt. »Und das nennst du Loch?«
»Nein, nein, du verstehst mich nicht. Was ich sagen will, ist, ich müßte einmal in eine andere Umgebung.«
Seine Augen wurden schmal. »Fängst du schon wieder mit Paris an?«
»Wer redet von Paris? Hör mal, ich will nichts anderes, als einmal neue Gesichter sehen. Ich möchte mit jemandem reden, der sich nicht den Kopfhörer überstülpt, sobald ich den Mund aufmache. Weißt du, daß ich schon so weit bin, daß ich mich mit meinen Suppentellern auf englisch unterhalte?«
»Wieso auf englisch?« fragte er.
Das war vor rund einem Jahr. Seither habe ich es aufgegeben, von ihm Hilfe zu erhoffen. Ehemänner verstehen nicht, wie einer Frau zumute ist, deren Horizont im Osten von einem Berg Bügelwäsche und im Westen vom Entsafter begrenzt wird.
»Glaubst du vielleicht, es geht nur dir so?« Hanna beugte sich über das Bügelbrett zu mir herüber, flüsterte: »Weißt

du, was *ich* getan habe? Ich habe meinen Handstaubsauger gegen einen mit Schlauch eingetauscht, du weißt schon, so einen, den man hinter sich herzieht.«
Das, meinte ich, wäre ja wohl noch kein bedrohliches Symptom –
»Ich gehe mit ihm in der Wohnung spazieren.«
»Na schön. Das verschafft dir Bewegung.«
Ihre Stimme wurde noch leiser. »Vor zwei Wochen habe ich ihm ein Hundehalsband gekauft ... Was mich stört, sind bloß die Flecken.«
»Welche Flecken?«
»Er pinkelt mir ständig auf den Teppich.«
Ich hörte auf, an meinem Kuchenstück zu kauen. »Wie alt ist er?«
»Der Staubsauger? Zwei, drei Monate.«
»Was willst du«, sagte ich, »dann ist das doch ganz natürlich. Er ist noch nicht stubenrein.« Sehen Sie, was ich meine?
Andererseits ist es nur verständlich, daß ein Mensch mit mangelnden menschlichen Kontakten sich enger an die Dinge anschließt, mit denen er täglich zu tun hat. Erstaunlich allerdings ist, daß sich umgekehrt auch diese Dinge an den Menschen anschließen. Mein Gummibaum zum Beispiel weinte, als ich ihn zum ersten Mal nach zwei Jahren mit lauwarmem Bier abwusch. Und als ich ihm kürzlich eine heitere Geschichte von Kishon vorlas, trieb er an allen drei Ästen gleichzeitig aus. Der Eierschneider dagegen kann mich nicht leiden, der mag nur meinen Mann. Für ihn tranchiert er das Ei exakt wie ein Laserstrahl. Bei mir macht das Luder aus jedem Ei einen Mushaufen.
Es ist möglich, daß ich ihn einmal beleidigt habe.
Ausgesprochen lästig finde ich die übertriebene Anhäng-

lichkeit der Waschmaschine. Sie hat ernsthafte Anzeichen von krankhafter Eifersucht entwickelt. Damals, als ich neue Zahnputzgläser aufs Regal stellte, unternahm sie ihren ersten Selbstmordversuch durch Verschlucken einer Schraubenmutter.

Einen Tag nach der Installation des Durchlauferhitzers waren ihre Einspritzdüsen verstopft. Jedesmal wenn ich die Badewanne putze, sage ich laut und deutlich: »Ich hasse dieses dreckige, speckige Trumm!«, nur damit die Waschmaschine nicht denkt, ich hätte die Badewanne lieber als sie, und sich wieder einmal zum Sterben bereitmacht. Gottlob ist sie leicht zu versöhnen. Meist genügt schon das Auflegen eines frisch gestärkten Häkeldeckchens.

Ich *weiß* zum Beispiel, daß mein Kartoffelschäler ein kleiner Schelm ist. Er liebt es, mit mir Verstecken zu spielen. Ich suche ihn überall. Ich räume den gesamten Mist aus dem Dreckeimer, stülpe alle Schuhe um und keife mit den Kindern. Aber im Grunde meines Herzens bin ich überzeugt: Der taucht erst wieder auf, wenn *er* will. Und er taucht wieder auf. Eine Stunde später oder auch erst nach vier Tagen liegt er auf seinem Platz und sieht so unschuldig aus, als wäre er nie weggewesen.

Ich habe angefangen, mich zu rächen. Ich suche ihn jetzt nicht mehr. Zwar ist mir klar, daß ich ihn dadurch aller Lebensfreude beraube, ich merke es an seinen hängenden Mundwinkeln, aber ich muß meine Nervenkraft schonen. Ich kann sie nicht an einen Kartoffelschäler verplempern.

So wie es aussieht, werde ich sie über kurz oder lang für Wichtigeres brauchen.

DER ERLEDIGER

Axel Hacke

Eine Person fehlt in meinem Leben: ein Erlediger. Was wären seine Aufgaben?

Ich stelle mir vor, daß der Erlediger mich befreit von den Gemeinheiten des Alltags, daß er den Banalitätensumpf entwässert, in dessen schmatzendem Schlamm ich unterzugehen drohe wie die grauenhaft schreienden Ponys in den Mooren des großen Grimpensumpfes, nachzulesen in Arthur Conan Doyles *Der Hund von Baskerville.*

Um es konkret zu sagen: In der Lampe über dem Küchentisch sitzen drei winzige Spezialglühlampen. Sie sind alle kaputt. An der schwarzen Lederjacke, mit welcher bekleidet ich einst Paola kennenlernte und an der also süßeste Erinnerungen hängen, sind die Stoffbündchen am Ärmelende zerfasert und müssen repariert werden. In der Ikea-Küche fehlt eine Ikea-Spezialschraube, welche nur erhältlich ist bei Ikea selbst, jener Vorhölle am Stadtrand, die ich nie wieder aufsuchen wollte, weil meine Nerven die Schlangen an der Autobahnabfahrt, die verlorengegangen Kinder, die zu kleinen Kofferräume, die Kreischanfälle beim Möbelzusammenbau nicht aushalten, nein, bitte, ich halte sie nicht mehr aus, aus, aus ...

Und in der Wohnzimmerlampe ist mir das Glas einer Glühbirne, die ich auswechseln wollte, beim Herausschrauben zerbrochen. Nun sitzt das Metallgewinde allein in der Fassung, und ich bringe es nicht heraus, nicht mal mit Zange. Und an meiner alten Aktentasche löst sich der Boden vom Rest. Sie muß gerichtet wer-

den. Und eine Tasche meiner Lieblingshose hat ein Loch, und ...
Solche Sachen sind zu machen.
»Wann erledigst du das?« fragt Paola, meine Frau.
»Wann erledigst du das?« fragen mich die Sachen.
»Wann erledigst du das?« frage ich mich selbst.
»Ich ... ich ... weiß nicht«, sage ich.
»Ach!« sagt Paola.
»Ach!« sagen die Sachen.
»Ach!« sage ich.
Dann gehe ich wegen der Glühlampen zum Elektroladen, aber der Besitzer sagt, ich solle eine von den Glühlampen mitbringen, weil er die Wattzahl wissen müsse, denn wenn ich Glühlampen mit zuviel Watt kaufte, könnte der Trafo in der Lampe überfordert sein. Da gehe ich wieder heim ohne Lampen und habe wieder etwas nicht erledigt.
Dann gehe ich zum Schneider gegenüber, damit er die Lederjacke repariert, aber der Schneider sagt, »in Leder« arbeite er nicht, da müsse ich ein paar Straßen weiter, aber der Laden dort macht erst um elf Uhr auf und um sechs schon wieder zu, und um elf muß ich im Büro sein und um sechs immer noch. Da gehe ich wieder weg und habe wieder etwas nicht erledigt.
Dann gehe ich zum Schuhmacher mit meiner Aktentasche, aber der Schuhmacher hat gerade Betriebsferien – und ich gehe wieder heim und habe wieder etwas nicht erledigt.
Und dann fahre ich zu Ikea, und ... nein, zu Ikea fahre ich nicht, nein, nein, nein.
Solche Sachen ... Es gibt im Leben die großen Gefahren, vom Velociraptor über den Säbelzahntiger bis zum Herzinfarkt, reißende Ungeheuer mit gewaltigen Gebissen. Dann aber gibt es noch die kleinen Mistviecher, vom kläffenden Köter bis zum Kopfschmerz, winzige Zermürber,

die an jeder Ecke lauern, zermürb, zermürb, zermürb. Warum war ich noch nie in Finnland zum Urlaub? Weil ich gehört habe, daß man in Finnland, kaum daß man sich im Sommer an einem schönen See niedergelassen hat, von Mücken überfallen wird, Millionen finnischer Mücken, die alle »Hyttynen« heißen und stechen wollen.
Aber hier, wo ich wohne und nicht Urlaub mache, gibt es auch Schwärme von Lästigkeiten, meine Seele verbeulende, nahezu tödliche Lästigkeiten. Deshalb will ich einen Erlediger, der morgens kommt und meine Aufträge entgegennimmt und alles wegmacht, Löcher und nichtleuchtende Lampen und fehlende Schrauben und ...
Ach, Erlediger, tritt endlich in mein Leben!

FALSCHE SCHLANGEN

Axel Hacke

Schlangen mag ich nicht, Menschenschlangen meine ich. Du kommst wohin, viele Leute wollen das gleiche wie du, bilden 'ne Schlange, du stellst dich hintenan, am Schlangenarsch. Das ist schon mal blöd. Das kann ich schon mal nicht leiden. Im Supermarkt: vier Kassen, zwei geschlossen, zwei geöffnet. Zwei Schlangen – welche nehmen?

Du zählst die Leute vor dir. Schaust in ihre Körbe. Voll? Leer? Du taxierst die Kassiererin: Langsam? Schnell? Dann die Feinheiten der Schlangenschätzung: Ist 'n Betrunkener vor dir, der nachher gar kein Geld hat oder lallend die Kassiererin beschimpft oder sein Geld nicht findet? Ist da 'ne alte Frau, die passend zahlen will und ihr verwinkeltes Portemonnaie mit gichtgekrümmten Fingern nach Münzen durchrührt, dann doch einen Schein hervorzieht und exakt in dem Moment, in dem die Kassiererin diesen Schein abgelegt hat und das Rückgabegeld bereithält, in diesem Moment also sagt: »Ach, nein, ich hab's ja doch passend! Warten Sie, hier!« Ist so jemand vor dir? Nein? Dann nimmst du diese Schlange. Sie wird die schnellere sein. Dann stehst du, mählich vorrückend, schlängeläng, bist gleich dran. Aber!

Garantiert und immer wird dem Menschen vor dir, was du bei der Schlangenfeinbeurteilung nicht erkennen konntest, garantiert und immer wird ihm zum Beispiel der Bon an seinem Wurstpaket fehlen, an seinem banalen, miesen Fettwurstpaket wird er keinen Bon haben, worauf die Kas-

siererin sich mit der ekelerregenden Schmierpaketwurst erhebt, zur Wursttheke geht, wo sie die abstoßende Wurstwurst erneut abwiegt, um den Preis festzustellen und einen Bon ans Papier zu tackern, ein Vorgang, für den sie garantiert und immer eine Viertelstunde braucht oder von dem sie nie zurückkehrt,
während die Person vor dir, die unfähig genug war, nicht zu bemerken, daß an ihrer Deutschwursttüte doch der Bon fehlte, die Person also, die ihren vom übermäßigen Wurstgenuß geformten und längst zerstörten Körper vor dir in der Schlange wälzte, ohne auch nur einen Gedanken daran zu verschwenden, daß hinter ihr Menschen waren, Menschen, die warteten, Menschen, die vorankommen wollten im Leben oder wenigstens im Supermarkt,
während diese rücksichtslose, nirgendwo erwartete, nirgendwo benötigte, ergo über Massen an Zeit verfügende, das Leben Unbeteiligter ungerührt verzögernde Person stumpfen Wurstblicks der Rückkehr der Kassiererin harrt,
und während die Menschen in der Schlange neben dir, in der richtigen Schlange, in der Schlange derer, die zügig ihre Ware auf das Förderband zu legen imstande waren, rasch zahlen konnten und auch darauf achteten, daß ihren Wurstpaketen Bons anhafteten,
die Menschen in der Schlange also, die du wieder einmal nicht wähltest,
während diese Menschen frei aus dem Supermarkt eilen, unbehindert, entschlangt,
genau da wird neben dir eine dritte Kasse eröffnet, zu der sofort die hinter dir gewartet habenden Menschen hinüberrieseln, und an der sie sogleich bedient werden, obwohl sie in der Schlange hinter dir standen – du aber kamst aus dem Kassengang nicht hinaus, weil du ja der nächste an dieser Kasse bist, als solcher schon einge-

klemmt zwischen Zigarettenkäfig und Süßigkeitenbehälter vor jener Zahlstelle, an der ein enthirnter Wurstfresser auf eine vom Supermarktboden verschluckte Kassiererin wartet, und du Wartewurm wartest mit ihm, hinter ihm, wieder einmal, wie du schon oft gewartet hast und noch oft warten wirst in diesem Leben, diesem zu kurzen Leben, das du in Schlangen harrend diese Schlangen hassend verbringst, »falsche Schlange, oh, du widerliche, falsche Schlange« murmelnd, immer am falschen Platz – warum, warum, warum?

ICH AM KAMIN

Hellmut Holthaus

Kamine kannte ich früher nur aus Büchern und Filmen. In den Büchern war die Rede von Plaudereien an französischen, englischen und anderen Kaminen, und in den Filmen lehnten sich Geldmänner und Grafen von uraltem Adel an Kamine und tranken uralten Kognak. Dies fand regelmäßig in Schlössern statt, da Wohnstätten von geringerer Klasse über keine Kamine verfügten. Aus alledem wurde mir klar, daß ein Kamin eine hochfeine Sache war, etwas für die höchsten Kreise.

Jetzt habe ich selber einen. Ja, stellt euch das vor!

In aller Bescheidenheit gesagt, ich habe mir nämlich ein Häuschen gebaut. Den Schornstein für meine Schreibstube, Literaturwerkstatt oder Schriftstellerei ließ ich nicht aufs Dach, sondern an die Außenwand setzen. Damit nahmen die Ereignisse ihren Lauf, die mich zum Kaminbesitzer machten. Zuerst wollte ich einen gemütlichen Kachelofen. Aber wenn man eine Frau hat, die auch mitreden will, und das genügt einem noch nicht, so daß man noch einen Architekten dazunimmt, kommt alles anders. Jetzt habe ich eiserne Rippen unter den Fenstern, und der Ofen steht im Keller. Er hat seinen eigenen Schornstein, und ich sprach zum Architekten: Was machen wir jetzt mit meinem schönen Außenkamin? Er ist ja ganz arbeitslos! Sie bekommen, sagte er, eine offene Feuerstelle ins Zimmer, gewissermaßen einen Kamin! Die Hauptsache, der Außenkamin, ist ja schon da. Ein paar Klinker, eine Abdeckplatte, fertig, das kostet nicht viel.

Erstens, fügte er hinzu, wirkt ein Kamin gemütlich, zweitens ist er repräsentativ, und drittens leistet er Ihnen vortreffliche Dienste als Zusatzheizung.
Der Kamin wurde gebaut, und ich muß sagen, er ist eine Pracht. Dank ihm ist es bei mir wie im Film oder im Roman, schloßhaft. Er hat allerdings eine Eigenart: Wenn ich ihn anmache, wird es kalt.
Dies bewirkt er nicht direkt, sondern mehr indirekt, nach folgendem Verfahren: Er pufft seinen Qualm verschwenderisch ins Zimmer. Es beißt mich in die Augen, und ich kann nichts mehr sehen. Nun darf ich nicht sagen, daß er nicht zieht. Er zieht sogar wie ein Sturm, allerdings nur bei geöffnetem Fenster. Ich öffne also das Fenster, und es wird kalt. Darum hat er erreicht, was er will. Er liebt die frische, kalte Luft.
Das soll gemütlich sein? Ist das Fenster zu, sehe ich nichts, muß fortwährend husten und kann nicht schreiben. Ist es auf, fange ich an zu schnattern, bekomme starre Finger und kann wieder nichts schreiben.
Mein Kamin ist also eigentlich keine Zusatzheizung, sondern eine Zusatzkühlung, ein Frischluftgerät und Rauchverzehrer. Mit Gewalt erzwingt er Frischluft; verbrauchte Luft und Tabaksqualm jagt er mitsamt seinem eigenen Qualm hinaus. Leider jagt er auch alle Wärme hinaus. So war er ursprünglich nicht gedacht. Mich sollte er wärmen und nicht die Wolken.
Die Kamine der Geldmänner und Grafen müssen von anderer Art gewesen sein. Soweit ich mich erinnere, froren diese Herren nicht, auch husteten sie nicht, und ihre Augen waren nicht entzündet. Sie hatten es behaglich. Vielleicht hatten sie ein künstliches Feuer, Elektroheizung in Holz- und Flammengestalt? Oder es lag daran, daß ihre Kamine alt waren, uralt und vornehm. Vielleicht muß ich abwar-

ten, bis auch mein Kamin alt geworden ist. Dann kann auch ich wohl anfangen mit den Träumereien am alten Kamin?

Träumereien, haha, vorläufig jedenfalls nicht. Sie werden, sagte mein Architekt, abends wohlig am Kamin sitzen, träumend und sinnend in die Flamme schauen. Was meinen Sie, was Ihnen dabei alles einfällt, immer neue, immer schönere Geschichten!

Ja, das dachte ich auch. Tatsache ist, daß mir nichts einfällt, wenn mein Kamin in Betrieb ist. Er macht die Geschichten, ich nicht. Ich laufe nur immer zwischen Kamin und Fenster hin und her. Wie soll einem dabei etwas einfallen? Fenster zu, damit ich nicht erfriere. Im Feuer stochern. Fenster auf, damit ich nicht ersticke. Holzscheite zurechtrücken. Fenster zu. Glut zusammenscharren. Fenster auf. Während ich das Feuerchen hätschele wie einen Säugling, schießt der Kamin mit lautem Knall glühende Holzkohlen ab. Meistens zielt der Schurke auf mein Gesicht. Trifft er daneben, landen sie auf dem Teppich. Dann muß ich sie schnell auflesen. So hält er mich dauernd im Trab. Nach mehrwöchiger Kaminerfahrung erkläre ich: Ein Mensch, der einen Kamin hat, kommt nicht zum Sinnen oder Arbeiten, er ist vollbeschäftigt – mit dem Kamin. Er ist Kaminknecht.

An englischen Kaminen, so las ich, habe man es vorne warm, im Rücken aber kalt. Dies sei der Preis der echten englischen Vornehmheit, überdies erzeuge es den kühlen englischen Gesichtsausdruck, der also eigentlich nicht aus der englischen Seele, sondern vom englischen Rücken herrührt. Es wurde empfohlen, sich an englischen Kaminen langsam zu drehen. Bei mir ist das nicht erforderlich; mein Kamin arbeitet gleichmäßiger, ich habe es vorn und hinten kühl. Geduldig frierend, hustend und die Augen reibend, warte ich ab, bis das letzte Stück Holz verbrannt ist. Dann rufe ich: Juchhei, er ist aus, jetzt wird es wieder warm!

Abgesehen von alledem darf ich wiederholen, daß mein Kamin sehr schön ist, ein Prunkstück aus roten Klinkern, Vornehmheit und gediegener Repräsentation, was für ein Hintergrund! Ihr müßtet mich einmal da sitzen sehen! Ich mache ein Gesicht und nehme eine Haltung ein, die des Kamins würdig sind. Denn es ist ganz ausgeschlossen, vor so einem Kamin ein kommunes Gesicht zu machen. Ich nehme mich zusammen und sehe bedeutend aus. Selbstverständlich nur, solange kein Feuer in ihm ist. Aber davon laßt uns nun schweigen. Übrigens schneit es auch hinein. Allerdings nur, wenn es schneit; ich muß das hinzufügen, denn diesem Kamin ist durchaus zuzutrauen, daß es auch dann hineinschneit, wenn es nicht schneit. Aber jetzt mache ich ihn berühmt oder vielmehr berüchtigt, ich räche mich und verhöhne ihn öffentlich! Dafür gibt es dann auch noch Honorar; dieses werde ich dazu verwenden, ihn zu bezahlen, er soll seine eigenen Kosten aufbringen.

Denn natürlich hat er doch eine Masse Geld gekostet.

GROSSE SALATBLÄTTER

Hanns Dieter Hüsch

Wissen Sie, daß ich dieser Tage, wir Niederrheiner sagen ja oft »dieser Tage«, auch wenn das schon zehn Jahre her ist, wir sagen »dieser Tage«, ich hab dieser Tage den Dingeskirchen getroffen. Ich weiß gar nicht, wie der heißt. Ich weiß auch gar nicht, was der macht. Und dann haben wir noch 'ne andere Krankheit, die, wo ich den Grund noch nicht rausbekommen habe. Wenn etwas ganz öffentlich ist, also gar kein Geheimnis, jeder weiß es, und man muß gar nicht diskret sein, es ist allen bekannt – sagen wir Niederrheiner immer noch »unter uns gesagt«. »Wat sind schon 24 Stunden – unter uns gesagt – is doch nix, is doch nix, is doch jar nix, ne, is doch nix.« Also ich hab wirklich dieser Tage, unter uns gesagt, festgestellt, daß ich doch manchmal 'n ziemlicher Nörgler bin. Das heißt, ich bin es nicht und bin es doch. Also, mich regen ja Kleinigkeiten inzwischen so wahnsinnig auf, aber, es gibt inzwischen so Kleinigkeiten, die bei mir schon so winzig und so pingelig sind, daß man wirklich schon von Nörgelei sprechen kann. Das heißt, ich bin kein Querulant, das möchte ich gleich klarstellen. Also damit habe ich nie etwas zu tun gehabt, also morgens schon um fünf Uhr aufrecht im Bett sitzen und Leserbriefe schreiben, ne, ne, ne! Und sich ständig empören, nein ich bin kein Berufsempörer, da sei Gott vor, nein, frei nach Goethe, ich nörgle so für mich hin. Meistens morgens! Meistens, aber auch abends. Morgens aber schlimmer als abends. Aber abends intensiver als morgens. So könnte man es einteilen. Also, wenn ich morgens unterwegs bin und betrete dann das Frühstückszimmer eines gediegenen Hotel Garni, ich weiß bis heute nicht, was das heißen soll. Es hat mir auch noch niemand erklärt, ich will's jetzt auch nicht mehr erklärt haben! Ich hab jetzt das Alter erreicht, wo ich nichts mehr erklärt haben will! Schluß, aus, zu spät! Jetzt ist es zu spät, ich will's nicht mehr erklärt haben. Ich meine, ich weiß nur, da gibt es kein Mittagessen! Ist ja eigentlich ganz logisch, Garni – nie gar, ne! Ist noch kein Mensch drauf gekommen. Die schaffen das Frühstück, das schaffen sie noch so eben. Oder es ist 'n Mädchenname: »Garni, essen kommen!« Ja, es heißt doch immer Haus Erika, Haus Astrid, Haus Garni, könnte ja sein. Ich weiß es ja nicht, könnte ja sein. Und dann steht auf dem sogenannten Frühstückstisch an meinem Platz nur die Tasse. Meistens umgedreht auf der Untertasse! Mir zuliebe, aus hygienischen Gründen. Da steht die schon die ganze Nacht so. Ich bin nämlich abends schon um elf an dem Frühstücksraum vorbeigekommen, da hab ich schon von weitem meine Tasse umgedreht auf meiner Untertasse gesehen. Das arme Ding, habe ich gedacht! Ist ja Tassenquälerei, und alles mir zuliebe, aus hygienischen Gründen. Es ist auch schon vorgekommen, daß ich am anderen Morgen im betrunkenen Kopf den Tee tatsächlich auf den Boden der umgedrehten Tasse geschüttet habe – wie bei Dick und Doof. Aber, das ist am Morgen nicht das Schlimmste – es ist auch kein Teller da, den muß man sich holen, auch das ist wahnsinnig schwer, denn man muß sich zwei Teller holen. Einen, wo man Butter, Marmelade und Käse usw. drauftut und einen zweiten, auf dem man dann das Ganze schmiert und zubereitet. Es könnte aber dieser zweite Teller, auf dem man alles zubereitet und schmiert, der könnte doch schon längst auf dem Tisch stehen, der könnte doch schon längst auf dem Tisch stehen! Dann bräuchte ich mir nur einen Teller zu holen, wo man Butter, Brot, Marmelade, Käse und Wurst drauftut. Oder soll man tatsächlich auf diesem Teller, wo schon alles bergehoch drauf ist, auch noch alles schmieren und zubereiten? Oder soll man vielleicht das Ganze auf dem Tischtuch schmieren und zubereiten? Wahrscheinlich ist das die Absicht des Garni-Inhabers, damit man »gar nie« wiederkommt, oder wie soll ich mir das erklären? Die hätten ja auch oft am liebsten, daß man bis acht Uhr gefrühstückt hat, damit die Mädchen schon um sieben Uhr das Zimmer machen können. Das hat jetzt keinen logischen Zusammenhang, aber wenn ich morgens nörgle, brauche ich keinen Zusammenhang! Sonst wäre ich ja ein Querulant! Und das möchte ich auf keinen Fall sein! Ich meine, ich hol mir dann die zwei Teller. Aber kopfschüttelnd! Wenn Sie mal morgens einen deutschen Menschen durch einen deutschen Frühstücksraum kopfschüttelnd hin und her gehen sehen, das können Sie blind buchen, das bin ich! Weil ich einfach nicht fassen kann, was die Welt am frühen Morgen schon wieder mit mir macht! Vor 'n paar Tagen stand nicht mal 'ne Tasse da. Jetzt warte ich auf das Frühstück, wo ich mir aus 'm Keller den Tisch holen muß! Da gibt's dann immer so Schilder mit so 'nem Pfeil, nicht wahr, Treppe runter, nicht wahr! Kennen Sie ja, Telefone, Toiletten, Tische! Und dann gibt's da so ein grünweißes Lichtkästchen. Da sieht man, wie ein Mann mit einem Tisch auf dem Buckel die Treppe hochastet. Wir werden ja sehen. Am Abend rege ich mich leiser auf, viel leiser. Da bin ich ja auch oft in Begleitung, da bin ich mehr, wie sagt man so schön, ein introvertierter Nörgler. Am Abend zum Beispiel kann mir ein zu großes Salatblatt alle Gelassenheit zunichte machen. Vielleicht haben Sie's auch schon bemerkt, die Salatblätter auf den meisten knackigen Salattellern werden immer größer. Und wenn Sie ein Blatt unter vielen Salatblättern mit der Gabel ganz langsam und vorsichtig hervorziehen, haben Sie gleich den ganzen Teller auf'm Schoß, rücksichtslos, rücksichtslos! Diese knackigen Salattellermacher stehen wahrscheinlich lauernd hinter der Tür und lachen sich ins Fäustchen. Rücksichtslos! Ich weiß, ich weiß, man ißt jetzt große Salatblätter, ich, nein, ich nicht, ich nehme meine Gabel, mein Messer und schneide alles kurz und klein, kurz und klein bis durch die Tischdecke, alles kurz und klein.

DIE KLUGE SEKRETÄRIN

Jo Hanns Rösler

Ich suchte eine neue Sekretärin. Meine letzte hatte der Teufel geholt. Ich hatte es ihr hundertmal gewünscht.
»Daß dich der Teufel hole!«
Darauf tat er es, und ich saß da.
Diesmal wollte ich eine besonders kluge Sekretärin. Eine Sekretärin mit guter Allgemeinbildung. Man tut sich beim Diktat leichter. Auch für das allgemeine Ansehen ist es gut. »Wie gescheit ist schon die Sekretärin!« sagen sich die Leute, »wie klug und intelligent muß dann erst der Chef sein!«
Ich schrieb den Posten aus.
Die erste Bewerberin trat ein.
Sie war hübsch und anmutig.
»Ich hatte Pech mit meiner letzten Sekretärin«, sagte ich, »sie war dumm wie Bohnenstroh. Deswegen suche ich diesmal eine kluge und intelligente Sekretärin. Die Arbeit macht mehr Spaß, wenn auch der andere über eine gewisse Allgemeinbildung verfügt. Ich möchte darum vorher drei Prüfungsfragen an Sie richten.«
»Bitte. Gern.«
»Wie heißt die Hauptstadt von Norwegen?«
»Kopenhagen.«
»Leider nein. Es ist Oslo. Aber man irrt sich da gern. Eine zweite Frage. An welchem Leiden litt Beethoven?«
Sie zögerte. Sagte dann:
»Er hatte nie Geld.«
Ich verschluckte meine Antwort.
»Was verstehen Sie unter einem Fjord?«

»Eine bekannte Automarke.«
»Nein. Die Automarke heißt Ford. Ein Fjord ist ein Einschnitt des Meeres ins Land mit steilen Uferwänden«, sagte ich und erhob mich, »ich kann mich im Moment noch nicht entscheiden, liebes Fräulein – ich treffe meine Entscheidung schriftlich – Ihren Namen habe ich notiert – Sie hören von mir ...«
Die zweite Sekretärin war eine Hochblondine.
Sie kam direkt von der Schönheitsköniginnenwahl.
Sie hatte verloren.
»Der Posten verlangt gewisse Ansprüche«, begann ich, »ich möchte daher zuvor drei Prüfungsfragen an Sie richten, wenn es Ihnen recht ist.«
»Bitte!« sagte sie, »nur zu!«
»Wer ist der Komponist der Lustigen Witwe?«
»Mozart!«
»Nein. Mozart schrieb die Zauberflöte. Wissen Sie zufällig, von wem der Text der Zauberflöte ist?«
Ihre Augen leuchteten strahlend auf.
»Von Ralph Maria Siegel!«
Ich versuchte eine dritte Frage:
»Was ist eine Windhose?«
»Eine Art Strandhöschen für heiße Tage.«
Die dritte Bewerberin wartete im Vorzimmer.
Ich bat sie herein. Mir verschlug es die Rede.
Sie sah aus wie ein Märchen.
Mir blieb der Verstand stehen.
Ich konnte nur stumm auf einen Stuhl deuten.
Mein Adamsapfel ging rauf und runter. Ich spürte es deutlich.
Zum Teufel mit den dummen Fragen!
Sie war ohne Fragen engagiert.
»Mein Fräulein«, sagte ich, »Sie sind –«

Sie winkte ab.
»Ich hatte Pech mit meinem letzten Chef«, sagte sie, »er war dumm wie Bohnenstroh. Deswegen suche ich diesmal einen klugen und intelligenten Chef. Die Arbeit macht mehr Spaß, wenn auch der andere über eine gewisse Allgemeinbildung verfügt. Ich möchte darum gern drei Prüfungsfragen an Sie richten.«
Ich saß starr und beklemmt.
»Bitte!« sagte ich tonlos.
»Wann und wo wurde Goethe geboren?«
»In Weimar!« stotterte ich. »Die Jahreszahl ist mir entfallen.«
»1749 und außerdem in Frankfurt. Die zweite Frage: Auf welcher Insel lebte Robinson?«
»Auf Crusoe!« stieß ich aufgeregt hervor.
Ich wußte sofort, daß es falsch war.
»Auf Masatiera in der Gruppe der Fernandezinseln!« wurde ich belehrt, »jetzt eine dritte und leichtere Frage: Was ist eine Tonsur?«
»Das, was ich da oben habe!«
»Nein ... Sie haben eine ganz gewöhnliche Glatze!« sagte das schöne Mädchen und erhob sich. »Ich kann mich im Moment noch nicht entscheiden – ich treffe meine Entscheidung schriftlich – Ihre Adresse habe ich notiert – Sie hören von mir ...«
Draußen war sie. Ich aber saß da, aller Hoffnungen beraubt, und engagierte die Nächstbeste, für die die Blaue Grotte ein Bierlokal war, die mit der Orthographie in bitterer Feindschaft lebte und die alle Minuten in mein Zimmer kam, da sie ihr eigenes Stenogramm nicht lesen konnte.

DIE SPRINGENDEN ALLEEBÄUME

Herbert Rosendorfer

Jahr für Jahr geben die deutschen Autofahrerclubs und verwandte Institutionen ein Bulletin heraus, das die erschreckende Statistik der im letzten Jahr durch Alleebäume getöteten Autofahrer enthält. Dreitausend heißt es, sollen es jährlich sein. Es wäre zu einfach, diesen Problemkreis mit der Meinung des Amtsgerichtsrates Wegscheider abzutun, der dazu sagte: »Ich bin seit Jahren Richter in Straßenverkehrssachen. Mir ist noch kein Fall einer Kollision Autofahrer – Alleebaum vorgekommen, in dem nicht ein Versagen – meist zu hohe Geschwindigkeit – seitens des Autofahrers vorgelegen hat. Ich halte«, fuhr Amtsgerichtsrat Wegscheider fort, »den Alleebaum für eine bessere Institution zur Dezimierung von Verkehrsrowdies als zum Beispiel unbeteiligte fremde Autos.«
Die Berufserfahrung des Herrn Amtsgerichtsrates Wegscheider in Ehren – aber so einfach ist die Sache nicht. Es liegt jetzt neuerdings eine ausgezeichnete und umfassende Studie aus dem Institut des weltberühmten Professors Ygdrasilović vor, die sich eingehend mit dem Verhalten des deutschen Alleebaumes befaßt.
Der deutsche Alleebaum, zu diesem Schluß kommt die erwähnte Studie, ist bösartig.
Es ist Nacht. Gemütlich tuckert ein Sportwagen mit 120 oder 140 km/h auf einer Landstraße dahin. Der Fahrer dämmert, weil eine nächtliche Fahrt auf einer Landstraße langweilig ist, im Halbschlaf. Der Alleebaum aber, der Alleebaum ist hellwach. Genüßlich – wir wissen es ja nicht

genau, können ihn nicht fragen, aber alles deutet darauf hin, daß es genüßlich von ihm ist – genüßlich läßt der Alleebaum den Wagen herankommen, dann ... ein Sprung von nicht mehr als einem Meter in die Fahrbahn des Wagens. Der Mann am Steuer, der obendrein halb schläft, kann natürlich nicht mehr ausweichen, es kracht, Blech fliegt herum, vielleicht brennt es ein wenig. Behutsam klaubt – hoffen wir es – Sankt Christopherus den zerquetschten Fahrer aus den Trümmern und führt ihn in eine möglicherweise bessere Welt. Der Alleebaum, dem ja in der Regel außer ein paar Kratzern in der Rinde nichts passieren kann, rauscht hämisch mit den Blättern.
Es ist ganz merkwürdig, daß die Alleebäume – wenn man der Ygdrasilović -Studie glauben darf – übermüdete, schlafende oder betrunkene Autofahrer offenbar von weitem schon erkennen. Mit ganz besonderer Vorliebe springen die Alleebäume solchen Fahrern in den Weg, die ja viel langsamer reagieren als andere, also gegen die Tücken der Alleebäume so gut wie wehrlos sind. Möglicherweise senden Alleebäume radarartige Strahlen aus, wie Fledermäuse. Wie das vor sich geht, ist noch nicht geklärt. Daß die Alleebäume fast ausschließlich nachts den Autofahrern in den Weg springen, erklärt sich ganz einfach aus der angeborenen Tücke der Bäume. Wie raffiniert sie dazu noch sind, erhellt aus der Tatsache, daß drei Viertel aller Fälle, in denen Alleebäume sich Autos in den Weg stellen, bei Regen geschehen. Da das Auto nach dem Zusammenstoß oft zu brennen anfängt, wählen die Alleebäume für ihre Überfälle gern feuchtes Wetter, wo sie selber naß sind, und so der Brand nicht auf sie übergreifen kann.
Es ist ein Fall bekanntgeworden, wo ein Alleebaum in einer besonders gefährlichen Kurve hinter einem Gasthaus, das für sein gutes Bier bekannt ist, Posto gefaßt hatte, offen-

bar weil er wußte, daß ihm hier die wehrlosen, angetrunkenen Autofahrer in die Falle gingen, ohne daß er selber sich groß anzustrengen brauchte. Allein während eines Erntedankfestes überfiel dieser Baum dreiundzwanzig Autos. Bekannt ist auch der – behördlich überhaupt nicht genehmigte – Zuzug von Alleebäumen während des Oktoberfestes in das Stadtgebiet von München. Zwar konnte man die sehr geschickten Bäume noch nie auf ihrem ungesetzlichen Marsch ertappen, aber wie anders soll die Häufung von Auffahrunfällen auf Bäumen während des Oktoberfestes sonst erklärlich sein?

Ein besonders krasser und dreister Fall von Heimtücke eines Alleebaumes ereignete sich in der Nähe von Kulmbach. Ein Autofahrer hatte friedlich in einem Landgasthaus seine vierundzwanzig Halbe Eisbock getrunken und sich dann auf die Heimfahrt gemacht. Auf schnurgerader Strecke sprang ihm, wie nicht anders zu erwarten, ein Alleebaum in den Fahrweg. Der Autofahrer konnte aber gerade noch bremsen und kam wenige Zentimeter vor dem Baum zum Stehen. Verschreckt und voll Furcht wendete der Autofahrer sofort und wollte zurück in die Gastwirtschaft flüchten. Der Alleebaum folgte ihm aber, überholte ihn, unbemerkt sogar, und stellte sich im umzäunten Parkplatz des Landgasthauses dem Autofahrer genau in den Weg, als dieser eben in die Einfahrt einbiegen wollte. Es kam zum Zusammenstoß, der Fahrer wurde aus seinem Wagen geschleudert, blieb aber nahezu unverletzt. Mit Recht glaubte sich der arme Kerl nun von allen Furien gehetzt und wollte nach Hause rennen, um sich in Sicherheit zu bringen. Da stellte sich ihm der Alleebaum ein drittes Mal in den Weg. Mit schwerer Gehirnerschütterung mußte der Mann ins Krankenhaus gebracht werden. Bei diesem Verbrechen muß sogar ein anderer Alleebaum Schmiere gestanden haben, der der Funkstreife, die kam, um den Baum dingfest zu machen, in den Weg sprang. Im allgemeinen trauen sich die Alleebäume sonst nicht, Funkstreifenwagen, die Feuerwehr und ähnliche Fahrzeuge, selbst wenn diese sehr schnell fahren, zu belästigen; wahrscheinlich, weil sie letzten Endes bei diesen Fahrzeugen den kürzeren ziehen, es würde nämlich in der Regel dann das Abholzen verfügt. Auch vor allen Schienenfahrzeugen haben Alleebäume einen heillosen Respekt. So gibt uns die gründliche, wenngleich traurige Studie des Professors Ygdrasilović die Gewißheit, daß es nicht falsch ist, wenn die deutschen Autofahrervereinigungen kein anderes Mittel mehr sehen, als die restlose Ausrottung der Alleebäume zu verlangen. Keinesfalls dürfen wir es bei der leichtfertigen, ja zynischen und herzlosen Meinung des eingangs genannten Amtsgerichtsrates Wegscheider bewenden lassen, der gesagt haben soll: »Was? Dreitausend in einem Jahr? Das sind ja fast zehn am Tag. Da werde ich in Zukunft mich mit der freudigen Gewißheit in der Früh aus dem Bett erheben können, daß es, wenn ich heute wieder schlafen gehe, dank der Alleebäume zehn Verkehrsrowdies weniger gibt.«

GANZ NEU ANFANGEN – GESCHICHTEN RUND UMS GROSSE ABENTEUER

ICH WILL GROSSMUTTER WERDEN!

Erma Bombeck

Es wurde nur noch von biologischen Uhren gesprochen. Jede Woche wurde das Thema im Fernsehen durchgekaut wie ein Stück zähes Fleisch.
Es ging um künstliche Befruchtung, um Leihmütter und um gefrorenes Sperma.
Mir war das alles ziemlich egal. Ich wollte nur Großmutter werden und wandelte zwischen Verkalkung und Tod. Meine Aufmerksamkeitsspanne verringerte sich merklich, meine Geduld schrumpfte, und all die lustigen Kinderspiele und Lieder entfielen mir zusehends. Von den neuartigen Spielzeugen und den Kindersendungen im Fernsehen hatte ich überhaupt keine Ahnung.
Noch ein paar Jahre, und ich würde mein Enkelkind hochwerfen und vergessen, es aufzufangen.
Alle meine Freundinnen hatten Enkelkinder. Und ich? Ich war von meinen Altersgenossen genauso weit entfernt wie damals, als sie wie die Hasen Kinder kriegten und ich am Altar der Heiligen Jungfrau zur unmöglichen Empfängnis Kerzen anzündete.
Ich wollte nicht auf dem Thema herumreiten oder meine Kinder etwa unter Druck setzen. Ich rief nur jedes einzelne jeden Tag an, um eine Nachricht auf ihrem Anrufbeantworter zu hinterlassen. Sie lautete: »Warum bestrafst du deine Mutter?«
Ich verlangte doch gar keine großen Opfer. Sie sollten lediglich heiraten, an der Armutsgrenze leben, neun Monate mit Übelkeit kämpfen, einen dicken Bauch hinter ein

Lenkrad zwängen und eine Weile auf das volle Gehalt verzichten, um mich mit einem kleinen Knuddelpaket zu erfreuen, mit dem ich im Sandkasten spielen und dem ich kleine Geschenke für eine gemeinsame Reise kaufen konnte.

Ich sah mich gern in der Rolle der lieben Oma. Es gab so vieles, was ich ihnen beibringen konnte, aber die Zeit wurde knapp. Ich wollte meinem Enkelsohn beibringen, wie man beim Poker am besten blufft. Und meine Enkelin wollte ich mit ins Einkaufszentrum nehmen, sie wie eine Tänzerin in einem Salon anziehen, damit wir uns zusammen fotografieren lassen konnten.

Ich wollte, daß man im Supermarkt zu mir sagt: »Ihre Kleine ist aber besonders hübsch!«, damit ich großspurig abwinken und protestieren konnte: »Aber bitte, ich bin die Großmutter.«

Wahrscheinlich war ich auf Rache aus.

Es ist nun mal so, daß die eigenen Kinder all das, was man mit ihnen durchgemacht hat, erst dann zu schätzen wissen, wenn sie mit drei scharlachkranken Kindern zu Hause festsitzen – zu Weihnachten, wenn die Waschmaschine nicht funktioniert und der Mann ebenfalls nicht.

Sie müssen die Freude am eigenen Leib erfahren, die aufkommt, wenn die Kinder ihre Kaugummis in die Hände spucken, wenn man drei kleine Gesichter mit einem kleinen Taschentuch und Spucke abwischen muß oder wenn die Sprößlinge das Scheckbuch der Eltern in der Schule vorführen, um diesen Beruf wirklich richtig schätzen zu können.

Aber ich habe mich tatsächlich nach den kleinen zarten Wesen gesehnt, deren Atem nach Milch riecht und deren kleine Köpfchen immer ein wenig nach Babypuder duften. Ich wünschte mir, daß sich kleine Finger um die mei-

nen schlossen, damit ich das Gefühl haben konnte, gebraucht zu werden, und daß mir die kleinen Augen neugierig folgten, wenn ich das Zimmer betrat.
Ich hatte den Punkt überschritten, bis zu dem ich nur davon geredet hatte; ich fing an, von einem Leben als Großmutter Bombeck zu träumen.
Der Traum hatte immer den gleichen Anfang. Mein Sohn stieß die Tür auf, schleppte ein Spielzeugpferd herein und rief: »Mutter? Bist du da? Wir hätten ja zuerst angerufen, aber wir waren schon spät dran und haben den Babysitter, den wir sonst immer haben, nicht erreichen können. Und wir wußten, daß es dir nichts ausmachen würde, wenn Christopher über Nacht bei dir bleibt.«
»Das Schaukelpferd hättest du aber nicht mitbringen müssen, mein Lieber«, antwortete ich lächelnd. »Du hast doch schon die Ranch dagelassen, und essen tun wir auch von dem Raumschiff, das in der Küche steht.«
»Er will das Schaukelpferd aber haben, Mutter. Faß bitte in meine Tasche. Siehst du die Liste? Er hat eine leichte Erkältung. Gib ihm dreimal täglich einen Löffel voll von diesem roten Zeug und eine von den weißen Pillen vor dem Schlafengehen. Der Luftbefeuchter ist in der Tasche und auch alle Telefonnummern für den Notfall. Er muß die Pillen nach dem Essen nehmen, und er spuckt dir den Sirup ins Gesicht, aber füttere ihn einfach so lang damit, bis etwas drinbleibt.«
Als er wieder geht, kommt sein Bruder mit seinen beiden Kindern im Schlepptau, namens Klebefinger und Terminator II, die Auffahrt herauf. Es dauert keine 30 Sekunden, bis sie die Badezimmertür ausgehängt, die Toilette mit einem Schuh verstopft, für ihren Hamster, der auf dem Küchentisch sitzt, Mehlwürmer in den Kühlschrank gelegt, den Kamin mit Kreide beschmiert, die Terrasse unter Was-

ser gesetzt und mich zu einer Wette auf ein Pony überredet haben.
Kurz darauf schaut meine Enkelin im Teenageralter vorbei, um uns mitzuteilen, daß sie bei uns einziehen will, weil sie bei uns mehr Freiheit hat. Außerdem ist sie der Meinung, daß mein Auto nicht genügend bewegt würde, wofür sie aber in Zukunft sorgen wolle. Ihre Mutter ist damit einverstanden, wenn ich es bin. Sie stellt mir ihren Freund vor, der einen Ohrring trägt und auf dessen Lieferwagen alle möglichen schmutzigen Ausdrücke kleben. Das Baby fällt vom Schaukelpferd. Klebefinger will wissen, ob er den Wachsapfel behalten kann, von dem er ohnehin schon abgebissen hat, und Terminator II hat die Umrisse seiner Hand auf die Wand hinter dem Sofa gezeichnet. Sie marschieren in Richtung Klavier, wo sie sich niederlassen und hunderttausendmal auf die gleichen Tasten einhämmern. Ich drohe ihnen, ihren Hund zu erwürgen. Das Baby wischt sich seine Nase mit dem neuen Bettüberzug ab.
Ich verspreche, ihnen allen eine Geschichte vorzulesen, aber sie wollen auf dem Fußboden sitzen und Poker spielen. Sie schummeln allesamt.
Als die Enkelin im Teenageralter, bevor sie wieder geht, ein Ferngespräch führt, das 65 Minuten dauert, versuche ich vom Boden aufzustehen, und in diesem Moment meint einer der Kleinen: »Großmutter, du solltest unbedingt ein paar Pfund abnehmen.«
Als ich erkläre, daß es Zeit sei für ein Mittagsschläfchen, decken sie mich zu und drehen den Fernseher auf volle Lautstärke. Nach diesen Träumen erwache ich immer schweißgebadet. Was soll denn das? So ist das Großelterndasein ganz bestimmt nicht. Großeltern sind hochqualifizierte Berater. Sie kritisieren, wenn jemand etwas

nicht richtig macht, ersetzen nasse Windeln durch trockene und Krisen durch Vergnügen. Großmütter verfolgen drei Hauptziele: Sie müssen dafür sorgen, daß die Bilder im Portemonnaie immer die neuesten sind, immer das kaufen, was ihre Enkelkinder gerade verkaufen, und unpraktische Geschenke machen, die die Eltern ihnen verboten haben.

In Wirklichkeit aber wird das erste Kind, das mir einen Säugling in die Arme legt, der nach meinem Finger grabscht, sich den Fuß in den Mund schiebt und mich anlächelt, wenn ich sage: »Hallo, ich bin deine Omi«, einfach alles bekommen.

ABENTEUER AN EINEM SEE

John Collier

Dr. Beaseley betrachtete sich am Tage nach seinem fünfzigsten Geburtstag beim Rasieren im Spiegel; man mußte es zugeben: er hatte auffallende Ähnlichkeit mit einer Maus. »Tschiep, tschiep!« sagte er achselzuckend zu seinem Spiegelbild. »Das könnte mir egal sein – wäre es nicht wegen Maria. Ich weiß noch, als wir heirateten, erinnerte sie mich an ein junges Kätzchen. Inzwischen ist sie merklich herangereift.«

Er knüpfte seine bindfadendünne Krawatte und eilte hinunter, ganz verängstigt bei der Vorstellung, daß er zu spät zum Frühstück kommen könnte. Gleich danach mußte er seinen Drugstore aufmachen, in dem er, wie in kleinen Städten üblich, bis zehn Uhr abends beschäftigt sein würde, ohne viel einzunehmen. Tagsüber würde Maria hin und wieder hereinschauen, um ihn zu überwachen und ihm ohne Rücksicht auf etwaige Kunden seine Fehler und Schwächen vorzuhalten.

Einen kurzen Trost fand er allmorgendlich in der Zeitung, in der er vor allem anderen den fesselnden Artikel von Mr. Ripley las. Freitags erwartete ihn ein noch größerer Genuß, denn an diesem Tag bekam er seine Lieblingszeitschrift, *Wunder der Naturwissenschaft.* Diese Lektüre stellte in seinem sonst hoffnungslosen Dasein sozusagen ein Schlupfloch dar, durch das er dem Unerträglichen ins Unglaubliche entfloh.

An diesem speziellen Morgen war das Unglaubliche so gütig, sich zu Mr. Beaseley zu bemühen. Es kam in Gestalt eines länglichen Briefumschlages, der den eleganten Briefbogen einer bekannten Anwaltskanzlei enthielt. »Ob du es glaubst oder nicht, meine Liebe«, sagte Mr. Beaseley zu seiner Frau, »ich habe vierhunderttausend Dollar geerbt.«

»Woher weißt du das? So zeig doch her!« rief Mrs. Beaseley. »Tu nicht so geheimnisvoll mit diesem Brief!«

»Hier«, sagte er. »Lies ihn. Steck deine Nase hinein. Wohl bekomm's!«

»Oho!« sagte sie. »Nur nicht so stolz!«

»Warum nicht?« sagte er, sich in den Zähnen stochernd. »Ich habe vierhunderttausend Dollar geerbt.«

»Wir werden uns eine Wohnung in New York leisten können«, sagte seine Frau, »oder ein Häuschen in Miami.«

»Du bekommst die Hälfte des Geldes und kannst damit machen, was du willst«, sagte Mr. Beaseley. »Ich meinerseits gedenke zu reisen.«

Mrs. Beaseley hörte dieses mit Bestürzung, die sie stets bei dem Gedanken überkam, daß sie etwas verlieren könnte, was ihr gehörte, mochte es noch so alt und wertlos sein.

»Du würdest mich also verlassen«, sagte sie, »und irgendeinem Eingeborenenweib nachjagen? Ich dachte, du wärest über dergleichen hinaus.«

»Die einzigen Eingeborenenfrauen, die mich interessieren«, sagte er, »sind die auf einem Bild bei Ripley – mit so großen Lippen, daß man einen Teller draufstellen kann. Und in *Wunder der Naturwissenschaft* waren welche abgebildet, die hatten Hälse so lange wie Giraffen. Die würde ich auch gern sehen, und dann Pygmäen und Paradiesvögel und die Tempel von Yukatan. Ich habe dir die Hälfte des Geldes angeboten, weil ich weiß, daß dir das Leben in der Stadt und in der großen Gesellschaft lieber ist. Ich ziehe es vor zu reisen. Wenn du willst, kannst du ja mitkommen.«

»Das werde ich auch«, sagte sie. »Und vergiß nicht: Ich tue

es für dich, damit du nicht vom rechten Pfad abkommst. Und wenn du es satt hast, die Welt zu beglotzen und zu beschnüffeln, dann nehmen wir uns eine Wohnung in New York und ein Häuschen in Miami.«

Mrs. Beaseley ging also grollend mit auf die Reise, bereit, die Hölle zu ertragen, wenn sie dadurch ihren Mann um ein Stückchen Himmel bringen konnte. Ihre Reisen führten sie in tiefe Wälder, wo jedes Fenster ihres nüchternen, kahlen Zimmers – Wände, Fußboden und Decke, alles aus rohem Fichtenholz – den Ausblick auf eine perfekte kleine Cézanne-Landschaft bot: schräge Flächen bläulichen Lichts zwischen den Senkrechten der Pinien oder sprühende Helle auf dem frischen Grün eines schwebenden Zweiges. In den Bergen der Anden dagegen war ihr Fenster ein Rechteck von flammendem Azurblau, in dem zuweilen ganz unten in der Ecke eine kleine schneeweiße Wolke schwamm wie ein Stück fest zusammengerollter Watte. In den Strandhütten tropischer Inseln legte ihnen die Flut wie ein einfallsreicher, geschmackvoller Hotelwirt jeden Morgen ein kleines Geschenk vor die Tür: ein fächerförmiges Gerippe von violettem Seetang, einen Seestern oder eine Muschel. Mrs. Beaseley, die mehr für das Landläufige war, hätte eine Flasche Hochprozentigen und eine Nummer des *Examiner* bevorzugt. Sie seufzte unaufhörlich nach einer Wohnung in New York und einem Häuschen in Miami und benutzte jede Gelegenheit, ihren armen Mann dafür zu strafen, daß er ihr diese Dinge vorenthielt. Wenn ein Paradiesvogel sich auf einem Ast über seinem Kopf niederließ, stieß sie geflissentlich einen heiseren Schrei aus, der das interessante Geschöpf verjagte, bevor Mr. Beaseley es studieren konnte. Sie sagte ihm die falsche Aufbruchszeit für den Ausflug zu den Tempeln von Yukatan und lenkte seine Aufmerksamkeit von einem Gürtel-

tier ab, indem sie so tat, als wäre ihr etwas ins Auge geflogen. Angesichts der berühmten Busen von Bali, die ihnen wie Trauben vom Kai entgegenstarrten, machte sie kurzerhand kehrt und ging, ihren protestierenden Gatten die Gangway hinauftreibend, schnurstracks aufs Schiff zurück. Sie bestand auf einem ausgedehnten Aufenthalt in Buenos Aires, weil sie sich eine Dauerwelle und eine Gesichtsbehandlung machen lassen, ein paar schicke Kleider kaufen und zum Rennen gehen wollte. Mr. Beaseley tat ihr aus Anstand den Willen, und sie nahmen ein Appartement in einem komfortablen Hotel. Als seine Frau eines Nachmittags beim Rennen war, schloß unser Freund in der Hotelhalle Bekanntschaft mit einem kleinen portugiesischen Arzt, und bald entspann sich eine lebhafte Unterhaltung über Hoazins, Riesenschlangen und Axolotls. »Übrigens«, sagte der Portugiese, »ich war kürzlich im Quellgebiet des Amazonas, wo es diese tollen Sümpfe und Seen gibt. Nach Aussage der Indianer lebt in einem dieser Seen ein von der Wissenschaft noch unerforschtes Geschöpf – ein riesengroßes Tier, halb Alligator, halb Schildkröte, mit einem Panzer, einem langen Hals und säbelartigen Zähnen!«
»Was für ein interessantes Tier!« rief Mr. Beaseley entzückt.
»Ja, ja«, sagte der Portugiese. »Es ist sicher interessant.«
»Wenn ich nur dorthin reisen könnte!« rief Mr. Beaseley. »Wenn ich nur mit diesen Indianern reden könnte! Wenn ich dieses Tier nur sehen könnte! Haben Sie zufällig nichts anderes vor? Würden Sie sich zu einer kleinen Expedition überreden lassen?«
Der Portugiese war bereit, und bald war alles abgemacht. Als Mrs. Beaseley vom Rennen zurückkam, vernahm sie zu ihrer Enttäuschung, daß sie unverzüglich aufbrechen,

den Amazonas hinauffahren und sich eine Zeitlang auf dem unerforschten See, umgeben von degenerierten Indianern, aufhalten würden. Die Beleidigungen, mit denen sie den Portugiesen überschüttete, quittierte dieser nur mit Verbeugungen, denn er hatte mit Mr. Beaseley eine sehr annehmbare finanzielle Abmachung getroffen.

Mrs. Beaseley beschimpfte ihren Mann während der ganzen Flußfahrt und hackte vor allem darauf herum, daß es das gesuchte Geschöpf überhaupt nicht gäbe und daß er das leichtgläubige Opfer eines Schwindlers geworden wäre. Obwohl er gegen den üblichen Strom ihrer Beschwerden abgehärtet war, ließ ihn dieser Vorwurf, der ihn vor dem Portugiesen demütigte, schmerzlich zusammenzucken. Außerdem war ihre Stimme so laut und schrill, daß er während der Tausende von Kilometer langen Fahrt auf dem berühmten Strom nichts weiter sah als die rasch verschwindenden Hinterteile von Tapiren, Klammeraffen und riesigen Ameisenbären, die in die heimlichen Tiefen des undurchdringlichen Dschungels flüchteten.

Schließlich kamen sie an den See. »Woher weißt du, ob das der See ist, von dem er gesprochen hat?« sagte Mrs. Beaseley zu ihrem Mann. »Wahrscheinlich ist es einfach *irgendein* See. Was sagen diese Indianer zu ihm? Man kann kein Wort verstehen. Du nimmst alles auf Treu und Glauben hin. Du wirst nie ein Ungeheuer zu sehen bekommen. Nur ein Narr kann so etwas glauben.«

Mr. Beaseley sagte nichts. Der Portugiese erfuhr bei seinem Gespräch mit den Indianern von einer leerstehenden Grashütte, die sie denn auch nach erheblichen Mühen ausfindig machten. Sie zogen ein. Die Tage vergingen, Mr. Beaseley hockte, mit dem Fernglas bewaffnet, im Schilf und wurde fürchterlich von Moskitos zerbissen. Nichts zeigte sich.

Mrs. Beaseley brachte das Kunststück fertig, einen befriedigten Ton anzunehmen, ohne im mindesten von ihren Beleidigungen abzulassen. »Ich mache das nicht mehr mit«, sagte sie zu ihrem Mann. »Ich habe mich von dir herumschleppen lassen. Ich habe mich bemüht, auf dich aufzupassen. Ich bin Hunderte von Kilometern in einem Kanu mit Eingeborenen gefahren. Jetzt muß ich sehen, wie du unser Geld an einen Gauner verschleuderst. Morgen früh fahren wir nach Para.«

»Du kannst gern fahren, wenn du willst«, sagte er. »Ich werde dir einen Scheck über zweihunderttausend Dollar ausschreiben. Vielleicht kannst du einen vorbeifahrenden Eingeborenen dazu bringen, dich in seinem Kanu den Strom hinunter mitzunehmen. Aber ich komme nicht mit.«

»Das werden wir sehen«, sagte sie. Sie hatte nicht die leiseste Absicht, ihren Mann allein zu lassen, er hätte sich ja womöglich amüsieren können. Trotzdem drohte sie ihm weiter damit, nachdem er den Scheck ausgeschrieben und ihr überreicht hatte; wenn er nachgab, hatte sie ihren Triumph, wenn nicht, dann war es ein Posten mehr auf seinem Schuldkonto.

Eines Morgens stand sie zufällig früh auf und ging hinaus, um sich aus den köstlichen Früchten, die in Hülle und Fülle um die Hütte herum hingen, ein reizloses Frühstück zu bereiten. Sie war noch nicht weit gegangen, als ihr Blick auf den sandigen Boden fiel, und da sah sie eine Fußspur, fast einen Meter breit, gespreizt, mit Sporen und Krallen. Drei Meter weiter entdeckte sie den Abdruck des anderen Fußes.

Mrs. Beaseley betrachtete diese erstaunlichen Fußspuren weder mit Ehrfurcht noch mit Interesse, sondern lediglich mit Ärger über den Triumph ihres Mannes und die gerettete Ehre des Portugiesen. Sie stieß keinen Schrei des

Erstaunens aus, sie rief auch die schlafenden Männer nicht; sie schnaufte nur kurz und verächtlich. Dann suchte diese gewissenlose Frau sich einen großen Palmwedel, und damit löschte sie die hochinteressanten Fußspuren aus, die noch keines weißen Mannes Auge erblickt hatte. Dann suchte sie grimmig lächelnd nach der nächsten Spur, um auch diese zu verwischen. Ein Stückchen weiter entdeckte sie wieder eine und dann noch eine und so weiter – bis zu der letzten unmittelbar am Ufer des lauen Sees, und alle löschte sie mit ihrem Palmwedel aus.

Nachdem Mrs. Beaseley auch die letzte Spur verwischt hatte, richtete sie sich auf. Sie wandte sich zur Hütte zurück und sagte zu ihrem schlafenden Gatten: »Das werde ich dir erzählen, wenn wir erst in Miami wohnen und du zu alt dazu bist, auf Expeditionen zu gehen.«

In diesem Augenblick erhob sich in dem Wasser hinter ihr ein Strudel, und sie wurde von einem Maul voller Zähne gepackt, die genau wie Säbel aussahen. Sie kam nicht dazu, die übrigen von dem Portugiesen aufgezählten Merkmale zu kontrollieren, aber zweifellos entsprachen sie seiner Beschreibung. Sie verschwand mit einem kurzen Aufschrei, der jedoch ungehört verhallte, weil sie sich während der vergangenen Wochen heiser geredet hatte, und selbst wenn ihn jemand gehört hätte, so wäre er leicht mit dem Brunstschrei des angeblich ausgestorbenen Riesenfaultiers zu verwechseln gewesen. Tatsächlich trat kurz darauf das letzte überlebende Riesenfaultier aus dem Dschungel; es sah sich nach allen Seiten um, zuckte resigniert die Achseln und ging dorthin zurück, woher es gekommen war.

Bald danach erwachte Mr. Beaseley; er bemerkte die Abwesenheit seiner Frau und weckte schließlich den Portugiesen. »Haben Sie meine Frau gesehen?« fragte er.

»Also hören sie mal!« sagte der kleine Portugiese und schlief wieder ein.
Mr. Beaseley ging hinaus, sah sich um und ging schließlich zu seinem Freund zurück. »Ich fürchte, meine Frau ist weggelaufen«, sagte er. »Ich habe ihre Fußspuren gefunden: Sie führen zum See hinunter. Offenbar hat sie einen Eingeborenen mit einem Kanu getroffen, den sie überredet hat, sie den Strom hinunter mitzunehmen. Sie hat schon immer damit gedroht, sie wollte so gern ein Häuschen in Miami haben.«
»Kein schlechter Ort«, sagte der Portugiese, »aber so, wie die Dinge liegen, ist Buenos Aires vielleicht besser. Dieses Ungeheuer ist eine große Enttäuschung, mein lieber Freund. Lassen Sie uns nach Buenos Aires zurückfahren, da werde ich Ihnen ein paar hochinteressante Dinge – natürlich von ganz anderer Art – zeigen, von denen Ihr Ripley sich nichts träumen läßt.«
»Was sind Sie doch für ein angenehmer Reisegefährte!« sagte Mr. Beaseley. »Sie machen selbst das Großstadtleben verlockend.«
»Gut, und wenn Sie davon genug haben, können wir jederzeit weiterziehen«, sagte der Portugiese. »Ich kenne tropische Inseln, wo die Mädchen zwar nicht so große Lippen haben, daß man Teller draufstellen kann, aber trotzdem Wunder der Natur sind, und ihre Tänze sind Wunderwerke der Kunst.«

»HÖR ZU, BRIGITTE!«

Jo Hanns Rösler

Viktor rief seine Frau vom Geschäft an.
»Hör zu, Brigitte«, sagte er, »wollen wir uns nicht heute abend einen schönen Abend machen? Es ist herrliches Wetter, ich mache mich früher frei und hole dich gegen sechs Uhr daheim ab. Ich freue mich sehr auf diesen Abend mit dir. Zieh dich schön an, und wir fahren irgendwohin ins Grüne und essen junge Hühnchen mit Gurkensalat und frische Erdbeeren.«
Brigitte antwortete keineswegs begeistert:
»Was ficht dich an, Viktor? Du weißt doch, daß ich heute abend meinen üblichen Bridgeabend habe und die Damen zu mir kommen ...«
Am nächsten Tag rief Viktor vom Geschäft abermals seine Frau an.
»Hör zu, Brigitte«, sagte er, »nachdem wir gestern nicht aus waren, könnten wir es doch heute nachholen?«
Brigitte bedauerte.
»Es geht leider nicht, Viktor. Ich bin heute nachmittag im Schönheitssalon angemeldet. Ich lasse mich verschönern und verjüngen. Das dauert ...«
Am Mittwoch ergriff Viktor zum drittenmal den Hörer.
»Hör zu, Brigitte«, sagte er, »wie denkst du über heute abend? Wollen wir hinaus ins Grüne und junge Hühnchen und Erdbeeren essen und spazierengehen?« Brigitte antwortete:
»Sei mir nicht böse, Viktor, aber heute ist Mittwoch. Mittwoch kommt immer im Fernsehen die neue Folge ›Richard

Simpel auf der Flucht‹. Du weißt, wie gespannt ich jeden Mittwoch auf die neuen Folgen bin.«

Das schöne Wetter hielt auch Donnerstag noch an.

»Hör zu, Brigitte!« rief Viktor am Nachmittag daheim an, »wollen wir heute Hühnchen essen?«

Brigitte sagte verzweifelt:

»Liebster Viktor! Es ist wie verhext. Ausgerechnet heute hat meine Freundin Henriette Geburtstag, und ich bin bei ihr eingeladen. Sie wäre bitterböse, wenn ich ihr absagte. Kannst du mich verstehen, Viktor?«

Dem Donnerstag folgte der Freitag.

Die Hühnchen waren immer noch nicht gegessen. Viktor nahm den Hörer und wählte seine Wohnung.

»Hör zu, Brigitte«, sagte er, »wollen wir –«

Brigitte unterbrach:

»Muß das heute sein, Viktor? Du bist ausgeruht, du warst nur im Geschäft, aber ich habe den ganzen Tag meine Nylonwäsche gewaschen, Silber geputzt, Staub gewischt und überall frische Blumen in die Vasen getan. Ich bin hundemüde und ginge am liebsten um sechs Uhr ins Bett.«

Am Samstag machte der geduldige Ehemann einen neuen Versuch.

»Hör zu, Brigitte«, telefonierte er …

Er kam nicht weiter. Brigitte antwortete ihm empört: »Aber Viktor! Wie kann dir entfallen sein, daß heute Sonnabend ist und ich heute abend im Frauenklub meinen Vortrag ›Wie erhalte ich mir meine glückliche Ehe?‹ wiederhole?«

Da legte Viktor den Hörer auf, ging ins Vorzimmer, sah seine Sekretärin an, die sehr anmutig war und deren Schönheit ihm jetzt in dieser Minute zum erstenmal auffiel, und sagte zu ihr: »Wie wäre es, Annette … das Wetter ist schön, würden Sie heute mit mir ins Grüne fahren und irgendwo junge Hühnchen mit Gurkensalat und frische Erdbeeren essen …?«

ENTE GUT, ALLES GUT!

Günter Stein

Das Bedürfnis war nicht neu für ihn, und die einzig konsequenten Überlegungen daraus auch nicht. Herbert Hauser hatte sie schon öfter durchgespielt. Heute aber war es was anderes: So zwingend, so unausweichlich hatte sich das Thema ihm noch nie präsentiert.

Es war während der Besprechung gewesen. Er hatte seinen Organisationsplan nunmehr zum dritten Mal präsentiert, und wieder war er damit nicht durchgekommen. Jeder hatte was anderes daran auszusetzen, und selbst Bergmeier, der ihn auf dieses Konzept angesetzt hatte, wollte plötzlich nichts mehr davon wissen. Und Hoffmann hatte nur gesagt: »So nicht!«

Früher hatten ihm solche Auseinandersetzungen weniger ausgemacht. Je älter er aber wurde, um so dünner wurden seine Nerven. Er war jetzt 50 –, sollte das denn immer so weitergehen bis zu seinem 65sten? Falls er überhaupt dieses Alter erreichte und nicht vorzeitig aus lauter Ärger und Lebensüberdruß das Zeitliche segnete.

Nein, sagte er sich, jetzt ist Schluß. Und zwar total, völlig und absolut. Aussteigen, aufhören, weggehen – irgendwohin. Warum hatte er das nicht nur schon viel früher gemacht! Jahre, kostbare Jahre, hatte er dadurch verloren. Jahre, die er in einem häßlichen Büro verbracht hatte, zwischendurch auf strapaziösen Geschäftsreisen und unerfreulichen Konferenzen, so wie auch heute wieder. Dazu morgens und abends das Stehen im Stau, die Sucherei nach einem Parkplatz. Sein Leben – vertan, vorbei!

Hauser rangierte seinen reichlich gebrauchten Wagen aus dem verbotenen und zugestellten Parkplatz heraus und wartete auf eine Lücke im Verkehrsstrom, um sich einfädeln zu können. Es war ein Tag Ende März, ohne jeden Frühlingszauber – den ganzen Tag über hatte es immer wieder mal geregnet, schwer vor Nässe ließen die Bäume ihre gerade begrünten Blätter hängen. Hauser hatte den Eindruck, daß es ihnen ebenso ging wie ihm.
So nicht mehr, dachte er grimmig entschlossen und bewegte sich, Teil einer unendlichen Blechschlange, im Nullkilometertempo durch die Innenstadt. Diesmal mache ich ernst. Diesmal gibt es kein Halten mehr!
Da er sich mit diesem Thema schon oft beschäftigt hatte, betrat er vertrauten Boden – alle Einzelheiten hatte er schon häufig durchdacht. Er würde mit Susanne reden – ernsthaft, ruhig, überzeugend. Er konnte ihr keinen Vorwurf machen. Gut, sie war vielleicht nicht das, was er sich unter der Frau fürs Leben vorgestellt hatte, aber gab's das im Grunde wirklich? Alles Illusionen, dachte er. Nein, gegen Susanne hatte er nichts vorzubringen, sie war nicht der Grund seines Aussteigens.
Aber sie würde ihn verstehen. Er hatte vorgesorgt. Das Haus, kürzlich abbezahlt, würde er ihr ohne Wenn und Aber überlassen. Die Lebensversicherung ebenfalls – er brauchte sie nicht mehr. Nicht da jedenfalls, wo er hinging. Das Sparkonto würde er mit ihr teilen. Und da sie ohnehin vorhatte, wieder ein bißchen in ihren alten Beruf zurückzukehren, würde sie auch gerade so viel verdienen, wie sie zum Leben brauchte.
Das war wichtig. Er konnte nur guten Gewissens alle Brücken hinter sich abbrechen, wenn er sicher sein konnte, daß er damit Susi nicht ins Elend stieß.
Gut. In diesem Punkt also war alles in Ordnung. Jetzt muß-

te er sich nur noch um sich selbst kümmern. Und was ihn anging: Sein Ziel stand fest, er hätte es förmlich von seinem inneren Auge abmalen können: die Provence! Seit er vor sehr vielen Jahren mal durch dieses gesegnete Stückchen Erde gefahren war, träumte er davon: von der Landschaft, dem Klima, dem eigenartigen Duft der sonnenheißen Olivenblüten. Die stehende glasige Mittagshitze, Zikadenklänge, das träge Leben auf den weltfernen Dorfstraßen, Weißbrot, Käse, Rotwein ...
Dort würde er ein paar Monate bleiben und dann weiterziehen – die Côte d'Azur entlang zur italienischen Riviera, dann durch die Toscana, über Florenz nach Rom. Mitunter hatte er auch Venedig in Betracht gezogen, aber jetzt entschied er sich für Rom.
Vielleicht konnte er dort den Winter verbringen – in einem schäbigen Zimmer in Trastevere. Einsame, dunkle Wintertage in Rom! Er stellte sich dieses Bild vor, während sein anderes, sein Gebrauchs-Ich, automatisch an der roten Ampel bremste.
Er kam jetzt allmählich aus der Innenstadt heraus und auf die Landstraße. Land war natürlich nicht viel zu sehen – alles war zugestellt von Supermärkten, Heimwerkermärkten, Cash-und-carry-Läden, der Wald war an den Horizont verbannt. Davor ein Industriegebiet.
Wo war er gerade stehengeblieben? Richtig – Rom. Rom im Winter. Keine Touristen, in dem einfachen Lokal an der Ecke würde er seinen Espresso trinken. Im Frühjahr dann würde er weiterziehen. Runter zur Stiefelspitze und von da rüber nach Griechenland. Er würde auf einem Frachter anheuern. Das dürfte nicht schwer sein. Bis dahin war er schlank, braun und verwittert im Gesicht – ein überzeugendes personelles Angebot. Mit einer Pudelmütze würde er sich ein seemännisches Aussehen geben. Und als

Deutscher war er sowieso willkommen – fleißig, ehrlich, intelligent. Dazu arbeits- und organisationsgewohnt. Was wollten die mehr?

In Griechenland würde er dann den Peloponnes durchqueren und dabei auch mal in Sparta vorbeischauen – dieser Wunsch steckte irgendwie in ihm seit seiner Gymnasialzeit. Ja, und dann natürlich rüber auf eine der Inseln. Dort würde er bleiben. Für immer? Nun, das würde sich finden. Jedenfalls für längere Zeit. Nach dem Jahr der Reiseabenteuer würde ihm eine Pause guttun. Er würde am Meer liegen und über sich nachdenken, über sich und sein ganzes zurückliegendes Leben. Und sonst nichts mehr. Kein Büro, keine Besprechungen, keine ewigen Meckerer mehr, die alles besser wußten, aber ihn machen ließen. Nicht mehr Ameise unter Ameisen. Aus! ›Was haben Sie in Ihrem Leben falsch gemacht?‹, war er mal gefragt worden, und er hatte geantwortet: alles!

Jetzt war höchste Zeit, das Ruder herumzureißen, jetzt, mit 50. Endlich würde er mal was richtig machen: neuer Kurs, neues Leben, neuer Mensch!

Er war inzwischen in dem weitläufigen Wohngebiet angekommen, an dessen hinteren Ende Susanne in dem Einfamilienreihenhaus auf ihn wartete. Sie ahnt von nichts, dachte er, und plötzlich verließ ihn ein bißchen seine forsche Entschlossenheit. Aber es mußte sein. Wann würde er's ihr sagen? Gleich jetzt, jawohl. Diesmal würde er nicht lange planen und vorsichtige Termine setzen. Nein, diesmal wurde die Sache sofort angegangen. Heute entschieden, morgen getan. Ruckzuck. Er wußte, wenn man sowas erstmal hinausschob, ermattete der Wille. Nein: einfach tun, ein Fait accompli, das war das einzig Senkrechte.

Er lächelte ein bißchen vor sich hin, als er daran dachte, was die im Büro für Augen machen würden. Morgen schon würde Susi bei Pauling, seinem Chef, anrufen und ihm sagen, daß er, Hauser, auf und davon sei. Er habe Schluß gemacht mit allem, würde sie, noch etwas schluchzend, sagen. Weg sei er – erst nach Südfrankreich, dann Italien und irgendwann Griechenland. Zurück komme er nie mehr. Da kenne sie ihn – wenn er mal was sage, dann tue er das auch. ›Lange genug‹, könnte sie vielleicht noch anfügen, ›hat man bei Ihnen im Betrieb an ihm herumgenörgelt, dabei hat keiner seine Arbeit ernster genommen als er! Jawohl, auch Sie, Herr Pauling, haben ihn immer wieder auflaufen lassen!‹ Und mit Tränen in der Stimme würde sie auflegen.

Und er? Ja, er würde dann schon seit Stunden unterwegs sein – Richtung neues Leben.

Er parkte unter den gerade angrünenden Zweigen der Birke – sie war gepflanzt worden, damals, als sie eingezogen waren, jetzt war es ein Riesenbaum. So lange war das schon her.

Susi begrüßte ihn in der Diele. »Schön, daß du da bist«, sagte sie und küßte ihn auf die Backe. Er legte seinen Mantel ab und folgte ihr in die Küche. »Hör zu«, sagte er, »ich will's nicht auf die lange Bank schieben oder drumherumreden, aber: Ich steige aus.«

»Ach«, erwiderte Susi ohne große Erregung und begann, die Geschirrspülmaschine auszuräumen, »wieder mal!«

»Nicht wieder mal, sondern diesmal endgültig.«

»Naja«, meinte Susi, »es wurde ja auch Zeit. Oft genug davon gesprochen hast du schließlich.«

»Stimmt, aber jetzt werden Nägel mit Köpfen gemacht. Mir reicht's jetzt.«

»Du wirst, wie ich annehme, gleich morgen fahren.«

»Ja, und ich finde es fabelhaft, daß du es so tapfer aufnimmst.«

»Wie sollte ich auch nicht? Ich habe ja immer mit diesem Gedanken leben müssen. Bleibt's bei der Richtung: erst Provence, dann Italien, zum Schluß griechische Inseln?«
»Jawohl«, sagte Hauser, »die Route bleibt.«
»Venedig oder Rom?«
»Rom.«
»Richtig, Rom im Winter«, meinte Susi, Teller wegstellend, »das wolltest du ja immer. Schade ist's nur um die Ente.«
»Welche Ente?«
»Naja, ich hab' für Sonntag eine Ente vorgesehen, mit Klößen. Wie du sie magst!«
Hauser überlegte. »Nun gut«, sagte er dann, »ich kann's ja noch auf nächste Woche verschieben. Schließlich, auf einen Tag kommt's nicht an!«
»Das mein' ich doch auch«, sagte Susi, »und ich finde, du wirst mit dem Alter auch einsichtiger. Früher hab ich immer tagelang mit dir darüber diskutieren müssen – jetzt bist du eigentlich viel flexibler geworden. Find' ich gut.«
»Naja«, sagte Hauser und strich ihr übers Haar, »deine Argumente werden ja auch immer überzeugender. Soll ich mich morgen um den Rotwein kümmern?«

QUELLENNACHWEIS

Die Texte auf den mit Ziffern bezeichneten Seiten sind den folgenden Quellen entnommen.

Wir danken den Verlagen und Autoren für die freundliche Erteilung der Abdruckgenehmigung. Der Quellennachweis wurde nach bestem Wissen und Gewissen erstellt. Sollten dennoch Urheberrechte falsch wiedergegeben oder vergessen worden sein, geschah dies ohne Absicht. Der Verlag ist selbstverständlich zu einer Nachhonorierung bereit.

9 *Hanns Dieter Hüsch:* Alle Geburtstage. Aus: Hanns Dieter Hüsch. Meine Geschichten. Copyright © 1998 Edition moses Verlags GmbH, Kempen

11 *Trude Marzik:* Geburtstage feiern. Aus: Trude Marzik. Wiener Melange. Copyright © 1990, 1997 Paul Zsolnay Verlag, Wien

13 *Manfred Strahl:* Die Gästeliste. Aus: Kleine Bettlektüre mit Extra-Wünschen zum 55. Geburtstag. o.J. Scherz Verlag, Bern, München, Wien (Alle Rechte beim Autor)

17 *Günter Stein:* Welcher Tag ist heute? Aus: Endlich 50. Copyright © 1999 Tomus Verlag, München

25 *Woody Allen:* Die Vergeltung. Aus: Woody Allen. Nebenwirkungen. Copyright © 1981 Rogner & Bernhard GmbH & Co. Verlags KG, Hamburg

47 *Djuna Barnes:* Altweibersommer. Aus: Djuna Barnes. Saturnalien. Aus dem Amerikanischen von Karin Kersten. Copyright © 1987 für die deutsche Ausgabe Verlag Klaus Wagenbach, Berlin

59 *Willy Breinholst:* Heimkehr. Aus: Willy Breinholst. Männer taugen zu nichts. Copyright © 1988 Pabel-Moewig-Verlag KG, Rastatt

63 Geburtstagsüberraschung. Aus: Rolf Wilhelm Brednich. Die Maus im Jumbo-Jet. Beck'sche Reihe Nr. 435, Copyright © Verlag C. H. Beck, München

64 *Axel Hacke:* Sie sind ja sooo wichtig. Aus: Axel Hacke. Auf mich hört ja keiner. Copyright © 1999 Verlag Ant je Kunstmann GmbH, München

67 *Hanns Dieter Hüsch:* Was soll die Frieda kochen. Aus: Hanns Dieter Hüsch. Meine Geschichten. Copyright © 1998 Edition moses Verlags GmbH, Kempen

73 *Peter Bamm:* Dämon 39². Copyright © by Peter Bamm, vertreten durch Dr. phil. Walter Stehli, Zürich

77 *Axel Hacke:* Hundert werden ohne Reue. Aus: Axel Hacke. Auf mich hört ja keiner. Copyright © 1999 Verlag Antje Kunstmann GmbH, München

80 *Inge Helm:* Vergeßlichkeit liegt bei uns in der Familie. Alle Rechte bei der Autorin

82 *Hellmut Holthaus:* Ich bin ein alter Knacker. Aus: Hellmut Holthaus. Lohnt es sich? o.J. Verlag Josef Knecht, Frankfurt am Main. Mit freundlicher Genehmigung des Rechtenachfolgers

84 *Helga Leeb:* Jonathan verliert keinen Schlüssel. Aus: Helga Leeb. Die Geschichte mit Jonathan. Copyright © 1989 by Langen Müller in der F.A. Herbig Verlagsbuchhandlung GmbH, München

97 *Gerhard Prause:* Goethes Fünfziger verlor einen Zahn. Aus: Gerhard Prause. Fünfziger. Copyright © 1995 Verlagsgruppe Lübbe GmbH & Co. KG, Bergisch Gladbach

104 *Erma Bombeck:* Wann wurde ich die Mutter und meine Mutter das Kind? Aus: Erma Bombeck. Wenn meine Welt voll Kirschen ist, was tu ich mit den Kernen? Copyright © 1979 Verlagsgruppe Lübbe GmbH & Co. KG, Bergisch Gladbach

111 *Trude Egger:* Manchmal habe ich das Gefühl, der Eierschneider mag ihn lieber als mich. Aus: Trude Egger. Er streichelt die Katze öfter als mich. Copyright © 1988 alle deutschsprachigen Rechte by Scherz Verlag, Bern, München, Wien

114 *Axel Hacke:* Der Erlediger. Aus: Axel Hacke. Auf mich hört ja keiner. Copyright © 1999 Verlag Antje Kunstmann GmbH, München

117 *Axel Hacke:* Falsche Schlangen. Aus: Axel Hacke. Auf mich hört ja keiner. Copyright © 1999 Verlag Antje Kunstmann GmbH, München

120 *Hellmut Holthaus:* Ich am Kamin. Aus: Hellmut Holthaus. Trautes Heim, Glück allein. o.J. Verlag Josef Knecht, Frankfurt am Main. Mit freundlicher Genehmigung des Rechtenachfolgers

124 *Hanns Dieter Hüsch:* Große Salatblätter. Aus: Hanns Dieter Hüsch. Meine Geschichten. Copyright © 1998 Edition moses Verlags GmbH, Kempen

128 *Jo Hanns Rösler:* Die kluge Sekretärin. Aus: Jo Hanns Rösler. Beste Geschichten. Copyright © 1972 by Langen Müller in der F.A. Herbig Verlagsbuchhandlung GmbH, München

131 *Herbert Rosendorfer:* Die springenden Alleebäume. Aus: Herbert Rosendorfer. Ball bei Thod. Copyright © 1980 by nymphenburger in der F.A. Herbig Verlagsbuchhandlung GmbH, München

137 *Erma Bombeck:* Ich will Großmutter werden. Aus: Erma Bombeck. Einmal und doch wieder. Copyright © 1993 Verlagsgruppe Lübbe GmbH & Co. KG, Bergisch Gladbach

142 *John Collier:* Abenteuer an einem See. Aus: John Collier. Blüten der Nacht. Übertragung ins Deutsche von S. Rademacher. Copyright © 1977 by Rowohlt Verlag GmbH, Reinbek bei Hamburg

150 *Jo Hanns Rösler:* »Hör zu, Brigitte!«. Aus: Jo Hanns Rösler. Beste Geschichten. Copyright © 1972 by Langen Müller in der F.A. Herbig Verlagsbuchhandlung GmbH, München

152 *Günter Stein:* Ente gut, alles gut! Aus: Endlich 50. Copyright © 1999 Tomus Verlag, München